経営破綻寸前の病院が大感動を売ってみたら大人気になった件について

おおこうち内科クリニック院長
大河内昌弘＝著

フローラル出版

はじめに

ほとんどの人が「病院選び」に失敗しており、病院に通うことで健康を失っていることもある、といったら驚くでしょうか。近所の病院に通うあなたも、もしかしたら治療を受けることによって健康を失っている可能性があります。

しかも日本では以前からずっと同様のことが行われており、その背景には医療業界の抱える「闇」ともいえる「悪しき習慣」があったのです。日本全国の医師が当たり前と思っている「常識」がいかに私たちにとって不都合な医療になっているか……私自身も気づいたのは最近のことでした。

なぜ私がそれに気づけたのかというと、私自身が開業したての頃、倒産寸前にまで追い込まれて、それまで「常識」だと教えられてきた医療のやり方を変えざるを得なかったからです。

しかしその変化のおかげで、今では新時代の医療を先取りするようになりました。その結果、私は「The New York Times」に「次世代リーダー」として、また「Newsweek」に「挑戦する革命者」として、さらに「The Wall Street Journal」に「Toward the Revolution in Patient Care」として紹介され、最近ではアップル創業者のスティーブ・ジョブズ氏らもスピーチしていることで有名な、本場の海外TEDに日本人医師として初めて出演するまでになりました。

もちろん海外だけで評価されているわけではありません。その証拠に、「第10回日本で一番大切にしたい会社」大賞において実行委員会特別賞をいただき、『日本でいちばん大切にしたい会社8』（坂本光司著、あさ出版）では「稀有《けう》のサービスで年間4万5000人の患者が治療に来る大感動クリニック」として掲載されました。

天外伺朗氏らが企画委員会代表を務める第7回ホワイト企業大賞では「医療経営革新賞」を、また一般社団法人日本次世代企業普及機構が推進する第9回ホワイト企業アワードを「ダイバーシティ&インクルージョン部門」で受賞し、「スーパードクター」（東京MX）、「私の道しるべ」（日経新聞電子版）などメディアにも出演させていただきました。

注目してほしいポイントは二つあります。

一つは、なぜ日本版（地方版）を飛び越えて海外のＴＥＤから声がかかったのかということ。その理由は、世界的に医療の常識が急速に変化していくなかで、その変化にいち早く対応して独自の成果を出したのが私の経営するクリニックだと評価をしていただいたからです。

今の医療では、「技術」こそが大事だと考えられています。

しかし、この「技術」こそむしろ患者の健康を悪化させる可能性があるとわかってきました。これからの時代の医療は技術だけを基準に考えると失敗します。とくに日本の医療は、それによってさまざまな不利益を患者に強《し》いている構造になっていることもわかってきました。

では何が大事なのかというと、それは次のような式で表されます。

医療＝技術＋ホスピタリティ

もちろん、最低限の技術は必要です。ただ、それに加えて「もうひと言」があるかないか、その違いによってこれからの医療は大変革を迎えるのです。

二つめのポイントは、私が注目されているのがとりわけ経済界で多いという点です。

その理由は、私がこれまで**「不可能」と考えられてきた医療業界にホスピタリティの思想を導入し、「おもてなし医療」を実現することができた**からです。一般的なビジネスの業界では「おもてなし」を大事に扱うことは当たり前のことになりつつあります。これからの時代、ホスピタリティのないビジネスはますます成功しにくくなるでしょう。「お客さま」を大事にしようという考えのもと、「おもてなし」を仕事に取り込むことに疑問を抱く人はいないと思います。

しかし、医療業界という世界はまったく違います。

極端な権力バランスのうえに成り立っている医療業界では「お客さま第一」なんて考えを持っている人は皆無です。患者の事情はお構いなしに「教科書通り」の機械的な治療をすすめる医師がほとんどです。それどころか大病院ほど、患者を診てもいない医師が実験や論文に都合よく治療方針を決めて、患者がそれに従うようコントロールしていくといったケースも珍しくなく、全国各地で同様の行為が行われています。

その根底には、「患者が自分で治療を決めるなんてあり得ない」「患者の希望を聞いて治療に失敗したら責任問題や裁判沙汰になる」などという意識があります。

つまり、「おもてなし」を取り入れることが最も難しい職業の一つが医療業界なのです。そんな医療業界で私は実際に「おもてなし治療」を導入し病院経営を成功させたことで、**どのビジネスにも通用する「おもてなしの成功事例」として注目されるようになったのです。**

これまでは専門技術さえあれば優秀な病院という評価を得て、それを頼りに患者も技術が高いとされる病院に殺到していました。しかし、私の病院には、そのような「技術が高い」とされる有名な病院に通いながらもずっと治らなくて苦しんでいる患者や、治療すらしてもらえない患者、さらには取り返しのつかない状態にまで悪化させられた患者が押し寄せてくるようになりました。

残念なことに、医師はおろかそのような患者自身でさえも、健康を悪化させている原因が、病院の悪しき慣習にあることに気づいていません。

これは立派な「医療問題」であり、「医療の闇」だと私は思っています。

私も最初はまさかそのような現実があるなど想像すらしていませんでした。それどころか、開業当初は自分も医療の慣習が当たり前だと思い込んでいましたから、同じように患者に優しくない医療を提供していました。ただ、幸運にも私は、立ち上げたクリニックがいきなり倒産危機に陥るほどに経営を悪化させたことで、自分の間違いに気づくことができたのです。

なんとか立て直しをしなければならないと必死になった私は、異業種セミナーなどに足を運びました。そこで転機となる出会いがあり、「ホスピタリティ」という考え方を医療に導入するようになりました。

すると、どうでしょう。

「技術」が高いとされる大病院に行っても治らなかった患者たちがすぐに治療を開始したことで改善が見られるようになりました。それだけではなく、「おもてなし医療」を導入してからのほうが、**それまで私が診ていた患者の回復もよくなるなど、明らかに高い「治療効果」が次々に見られたのです**。

そのおかげで私は、今後の医療が「技術＋ホスピタリティ」へと変革していくことを確信しました。それと同時に、日本中の患者が医療業界の古い慣習に振りまわされて十分な治療を受けられていない現実に、これほど苦しんでいることに愕然《がくぜん》としたのです。

今まではそんな被害者の声が表に出てくることはありませんでした。でもそれは、被害の声が「なかった」のではなく、被害者が泣き寝入りしていて「なかったことにされていた」だけでした。

近年、医療への信頼が大きく崩壊しはじめたことで声をあげる患者が増えています。背景には、コロナ感染症とワクチンの問題にまったく対応できていない医療の姿もあるのだと思いますが、これも世の流れとしては「必然」だったと感じています。

私は医師だからこそ、今の医療がどれほど患者から「健康になれたはずの機会」を奪っているかが手に取るようにわかります。そして開業して失敗し、医療界のしがらみから抜け出せた私だからこそ語れるメッセージが詰まっています。

本書ではそんな医療業界の抱える根深い問題をまずあなたに知ってもらうことで危機意識を持ってほしいと思います。それと同時に、「おもてなし」を導入していく過程や「おもてなし医療」そのものを紹介することで、正しく病院を選び、適切な医療を受けることができる「基準」を提供したいと思います。基準を知れば、誰でも正しい病院選びができるようになり、健康維持に役立ちます。

また、これからはさまざまな分野で「ホスピタリティ」が求められる社会になっていくでしょう。そう考えれば、医療におもてなしを導入する過程は、どんなビジネスに携わる方にとっても、仕事のパフォーマンスを刷新するうえで参考にしていただけると自負しています。

もし今、仕事がうまくいかない、なかなか成果が出ないと悩んでいる人であれば、倒産寸前のダメ経営者から、世界が注目する本場のTEDに出演するまでになったストーリーを通して、少しでも背中を押す力や勇気を提供できれば、これほどうれしいことはありません。

＊　＊　＊

今はまだ、新しい医療を取り入れている病院は少ないかもしれません。しかし別の見方をすれば、本書を通して信頼できる病院を見つけることができれば、世の中が大きく変化する前に自分だけでなく家族も含めて長く一生信頼できる病院と関係を構築していけるということです。

医療業界がこれまで隠してきた実情を知り、健康に役立つ知識を持つ。

これからの時代に求められるホスピタリティ思考に触れ、仕事に役立てる。

本来は同時に語られることのないような内容なのかもしれませんが、事例もふんだんに盛り込んであるため、本書を通して「これからの時代に必要な考え方・あり方」を同時にわかりやすく学べるという、画期的な一冊になっています。

人生とは、仕事とプライベートの両方が揃わないと幸せにはなりません。その両方を存分に、本書をご一読いただくことで手に入れてほしいと思います。

CONTENTS

第2章 医療を腐らせている隠された真実は「これ」だ！

◆CONTENTS

第3章

「おもてなし」を導入したら、全国NO．1の病院が生まれた …… 107

第4章 奇跡を連発する常識破りの「おもてなし」思考

第5章

●ブックデザイン
山本真琴(design.m)
●編集協力
上條まゆみ
●編集
綿谷翔(こはく社)
●校正
大熊真一

第1章

病院は「技術」で選ぶと失敗する

いざというときほど、病院は「技術」で選んではいけない

病院選びに自信があるかと聞かれて、あなたは「ある」と答えられるでしょうか。少なくとも私の知る限りにおいて、「自信がある」と答えられる人はほとんどいません。でも、病院選びの基準を知っているかどうかは、自分の健康や家族の健康を維持するうえで、結果を大きく変えてしまいます。

長く続く身体の不調がある……。

人間ドックで精密検査をすすめられた……。

急に具合が悪くなった……。

「いざ」というときは突然やってきて、私たちの事情を丁寧に待ってはくれません。では、いよいよ病院に行こうというとき、あなたはどんな病院を選びますか。

病院関係者に知り合いがいるとか、どこかを紹介されたというのでなければ、近くの

病院か、もしくは通院できる範囲内の、できるだけ大きい病院に行こうと思うのではないでしょうか。ただの風邪ではなく、原因がわからないような逼迫《ひっぱく》した状況にある場合は、少なくとも大病院に行ったほうが安心できると思うのが一般的でしょう。

大きい病院、つまり大病院とは一般的に、病床数が400床以上で主要な診療科を含む病院をいいます。たとえば、大学病院や市民病院、赤十字病院、がんセンターなど。そういうところは規模が大きく、設備も揃っています。優秀な医師がたくさんいて、最新の情報も集まっているので、しっかり病気を治してくれそうです。

そう、実際「技術」には不足がないのです。

では、「技術」さえあればいいのか？　病気は、「技術」だけで治るのか？

私は、はっきり「ＮＯ！」と言いたいと思います。

私は10年ほど前に愛知県稲沢市に「おおこうち内科クリニック」を開業しました。開業当初は右も左もわからないとはいえ、スタッフに対する態度も心得ておらず、業績はどんどん悪化する一方で、病院内の雰囲気も最悪でした。まさに廃業寸前、というところまで追い込まれていました。

しかし、医療とはどうあるべきなのか、それを達成するためにビジネス業界で実績を出している手法を取り入れることで、病院の雰囲気は劇的に改善しました。治療効果も通常の医療に比べて大きく向上させることができ、患者からの信頼も厚くなりました。

すでに触れましたが今では「第10回日本でいちばん大切にしたい会社」大賞において実行委員会特別賞をいただき、『日本でいちばん大切にしたい会社8』（坂本光司著、あさ出版）にも取り上げていただくようになりました。そうして天外伺朗氏らが企画委員会代表を務める**第7回ホワイト企業大賞**での**「医療経営革新賞」や第9回ホワイト企業アワード**も受賞しています。

過去には「The New York Times」に「次世代リーダー」として、また「Newsweek」では「挑戦する革命者」、「The Wall Street Journal」では「Toward the Revolution in Patient Care」として紹介され、最近ではアップル創業者のスティーブ・ジョブズ氏らもスピーチしていることで有名な海外版TEDにも出演しています。

そのような経験から確信しているのは、現在ではもう、治療効果の大きさは「技術」

だけではなくなっているということです。にもかかわらず実際の医療現場では、**「ある理由」**からますます患者側が効果を得にくい状況となってきています。

コロナに対する対応もずさんなところが多く、医療がいかに人々にリスクを背負わせる可能性のあるものかが露呈しました。目の前に掲げられた「医療技術」だけで病院を選ぼうとすると、最悪命を落とします。そうなってほしくない。一人でも多くの人が健康なまま人生を幸せに生きてほしいと願って本書を執筆することに決めました。

現代は**「病院格差社会」**ともいえます。つまり、これまではどの病院でも一定のレベルの医療を受けられ、健康を担保できていましたが、少なくとも今後10年の間に医療のあり方、治療効果の考え方は根本から変わっていくことが予想されます。この変化に対応できない病院ではもはやあなたの健康は担保されないといってもいいでしょう。

変化する病院を選べるか、選べないか。

それが一生の健康を左右するようになってくるのです。

近年の医療現場の問題を先ほど「ある理由」があるため、と表現しました。この理由については本書を通して説明していきたいと思います。細かくいえば、さまざまな原因が絡み合っていますが、根っこのところでは同じ問題が横たわっています。

医療の世界で今どのようなことが起こっているのか。そして今後の医療がどのように進化していくのか。僭越《せんえつ》ながら、私どものクリニックで起きたさまざまな物語や成功体験をお伝えすることで、その一端に触れていただけることと思います。**この本を読めば、どのような基準で病院を選び、医療に対してどのような考えで健康管理をすればいいのかがしっかりと身につきます。**

また、私たちのクリニックが取り入れたのは平たくいえば**「ホスピタリティによる改革」**ですが、なぜビジネスの世界で数々の表彰や取材を受け、ひっぱりだこになっているのかがわかるでしょう。そして今の時代ではどの職種にも求められるホスピタリティの考え方や実践方法について大いに参考になると自負しております。というのも、**医療ほどホスピタリティの実現が難しい業界はないから**です。

その両方の視点から、本書はあなたの人生において、きっと「転機」となるような一冊になることを自信を持ってお約束したいと思います。

サービスと対極にある「病院」という世界の真実

なぜこれほど病院選びが難しいのか、その背景には「医師と患者が全然、対等ではない」という事実が明確にあるからです。これはいくらきれいごとを言っても、誤魔化しきれるものではないと思っています。それほどに、医師と患者は対等ではないとつくづく実感します。

その象徴的な出来事の一つが「待ち時間」です。

大病院にかかったことがある人なら、あの膨大な「待ち時間」の長さにうんざりさせられた経験をお持ちではないでしょうか。

大病院は、とにかく待ち時間が長い。それに対して、一瞬かと思えるほどに診療時間は短い。「3分診療」という言葉もあるほど、さらっと終わってしまいます。それも、何週間も待って予約をしたのにもかかわらず、です。

もっと詳しく病状の説明を受けたい、質問したいと思っても、せきたてられるように診察室から追い出されてしまったという患者さんの嘆きの声をよく耳にします。大病院には、**患者を大切にする、患者にサービスをするという意識がまるでないと感じます。**

患者に温かく接しようとか、丁寧に説明しようとか、少しでも待ち時間を少なくしようとか、たぶん思ったこともないのでしょう。患者がそのことに不満を抱えているなど、気づきもしないのだと思います。

「大病院にかかることができただけでもありがたいと思え」。もしかしたら、そんなふうに思っているのかもしれません。

もちろん、全部が全部そうだというわけではありません。なかには、温かく親身になってくれる医者もごく稀にはいるでしょう。

皆さんも薄々ご存じでしょうが、今の日本で、医師になるためには大変な努力がいります。医学部に入るには、子どもの頃から競争、競争。それこそ小学生のときから塾に通い、いい中学・高校に入り、高偏差値、高倍率の医学部に受かる必要があるのです。いってみれば、ずっと誰かを蹴落としてきたわけです。

医学部に入ってからも、国家試験に受かるための勉強は本当に大変です。10歳の頃から勉強に励んできたとして、中高の6年間、医学部の6年間――合わせて15年間もの時間を競争社会に身を置いてきた。医師というのは、そういう人たちなのです。

彼らが思い上がってしまうのもある意味、当然でしょう。自分は選ばれた人間だ、と。そしてそれは、「自分が努力してきたからこそ得られた結果なのだ」と。悪い意味で、庶民感覚をなくしている人が大半です。

そんな医師たちが、いちいち患者の身になって「待ち時間が長くてかわいそうだ」などと考えるでしょうか。残念なことではありますが、実際の真実を語るならば**「最高峰の技術を持つ大病院に来られただけでも感謝しろ」**という態度でいます。

結局、医師と患者が全然、対等ではないのです。

対等ではない関係性によって、医師と患者のトラブルは増え続けています。それだけを見ても医療の質は大きく低下しているということに、私たちはもっと危機意識を持たなければいけないと私は思うのです。

なぜ、病院に行くと「具合」が悪化するのか？

「病院に行ったけど、なかなか風邪が治らず長引いてるの」

そんな話をよく耳にします。それだけならまだしも、医療業界では、**「大病院にかかったことでかえって具合が悪くなってしまった」**という例が珍しくありません。少し遠くても、安心できるからと思って訪問したはずの大病院で、なぜそのようなことが起こるのでしょうか。

そこには、**「病院の診療システム」**が大いに関わっています。

大病院のやり方として、まず研修医が問診をとり、その問診票を診察室にまわして、担当医が診察をするということがあります。大病院に来るまでの経緯を聞くのは、診療前の問診で、たとえば次のような手順です。

❶いつからどんな症状があるか

❷どんな病院にかかってきたか
❸どんな薬を飲んでどんな治療をしてきたか
❹どんな悩みがあるか
❺それでも治らないので、ここに来ているということか

研修医はその話を問診票にまとめて担当医に渡し、担当医はそれを見て診察する。だからこそ「3分診療」が可能になるわけですが、いくら問診票があったとしても、たった3分ではその人のことを理解するのは無理です。わかるのは病名だけ。

大病院の医師は、患者を「人」としてではなく「病名」そのものとして見ているような感覚です。

「病名」そのものしか見なかったとしても、きちんと治してくれるのであれば文句はないかもしれません。でも実際は、そうならないケースが多い。せっかく「技術」も「設備」もある大病院にかかったのに、ちっとも病気が治らない、あるいは**さらに悪化してしまったという話があとを絶ちません**。つまり時間をかけて治りもしないどころか悪化さえするというのです。その理由について、「診察システム」を3つの形態に分けることで考えてみましょう。

【診察システム①：困難な予約制】

大病院はまず予約がとりにくい。紹介状を書いてもらって連絡をして、ようやく予約がとれたのが連絡から1か月後というのはザラです。診察後も、検査の予約をとるのに1か月待ち、検査の結果が出て手術をするのに1か月待ちと、本格的な治療が始まるまでに何か月もかかってしまうということはよくあります。でも、病気の進行は待ってはくれませんから、そのあいだにどんどん症状が悪化してしまうこともあるのです。

【診察システム②：重症度の高い症状が基本】

そもそも、大病院には「風邪を引いた」「鼻水が出るので来ました」というレベルの方ではなく、より大きな問題が自身の身体に生じたことで来ている人がほとんどです。もちろん、緊急性はより高いわけです。しかし、そんな事情は患者側の問題であって病院側としてはお構いなし、というのが極端にいえば大病院の姿勢の根幹に深く横たわっているのです。

【診察システム③：細かい診療科】

それぞれの診療科に細かく分かれていて、担当以外は他の科に関係する治療に携われないのも問題です。たとえば、胸の痛みがあり、心臓の病気だと診断されて大病院の循環器科にかかっているとします。

治療をしても痛みが消えない。もしかしたら、胸の痛みは心臓ではなく胃に問題があるのかもしれません。

私なら、思い当たったその時点ですぐに胃カメラの検査をします。でも、大病院の場合、循環器科の医師は、胃カメラをやりません。**できないというか、してはいけないのです。**胃カメラ検査を受けたければ、消化器科の予約をとり、診察を受け、段階をふまなければ胃カメラまでたどりつけません。

いったい、何日、何か月かかるでしょうか。そのあいだに病状が悪化し、取り返しのつかない事態に陥ってしまうことは大いに考えられます。

大病院にかかったことで、かえって具合が悪くなってしまう、助からないケースがあるなんて――信じられないでしょうが、それが一つの真実です。

町医者にすら「人間扱い」されない患者たち

これはなにも大病院に限って起こっていることではありません。

「私が通っているのは近所の小さなクリニックだから大丈夫。大病院は別世界の話でしょ」

そう感じる人もいるかもしれませんが、残念ながらそれは大きな誤解です。あなたの近所にある、いわゆる「町のお医者さん」でも、「医療の非常識な常識」によって患者側は非常に不都合な扱いを受けています。

もし、近所のクリニックや病院でそれほどひどい扱いを受けているような気がしないとすれば、それほど扱いの悪さが「常態化」していることの証拠といえます。

たとえば、次のような患者さんがいました。

コロナ禍のなか高熱が出てしまい、これはいよいよ大変だと感じて一刻も早く診療してもらおうと具合の悪い身体を引きずるようにして近所のクリニックに行きました。しかし到着したのは開始時間の**15分前**。たった**15分**早いというだけで中に入れてもらうこともできず、寒い外で待たされました。その待っているあいだは何時間にも感じたようで、寒いこともあってか身体の具合もどんどん悪化しているのがわかり漠然とした不安に襲われたといいます。

つらいなか無理を押して病院に行ったのに、診てもらうことができなかった。

これは町のクリニックでも同様に見られる現象であり、一度はそのような経験をしたことがある人もいるのではないでしょうか。もしかしたら待っている間に重症化して取り返しのつかない病状に至る可能性もあります。

さらに、受付でも待たされ、待っているあいだは固い椅子に座るしかありません。具合が悪いから来ているわけですから、待たせているあいだは、少しでも早めに処置室のベッドに寝かせて担当医を待ってもらうことも、本来ならばできるはずです。

具合が悪いから来ているにもかかわらず、患者が外にいるのを目の前にしながら開始時間になるまで決して中には入れてくれない。あるいは、診療時間を1分過ぎたせいで、せっかくつらい身体を引きずって病院やクリニックに来たのに受け付けてもらえなかった。そのような理不尽なことが全国至るところで見られます。

私たちは生身の人間です。

まるで賞味期限が過ぎたら廃棄されるコンビニ弁当のように、1分単位で線引きされるなんてとても「人間扱い」しているとは私には思えません。

その他にも、医療を受ける過程において「理不尽だ」と感じたことがある場面はなかったでしょうか。

具合が悪くなって病院に行く際、いくらかかるか事前にわかっている人はほとんどいないと思います。**会計するまで値段がわからない。これは他の業界ではあり得ないことです。**

たとえば、町にあるごくふつうのレストランで、お客さんの話を聞いただけで値段も告げずにお任せで料理を作って「お会計3万円です」と言ったら、多くの人は激怒することでしょう。だけど、なぜか医療機関では患者がそういう方式を当たり前に受け入れる形になっています。それどころか医療従事者は、事後に告げた会計を支払うだけのお金の持ち合わせがない患者に対して、**コンビニや銀行に行かせてお金をおろさせることを何とも思っていません**。やはり「当たり前」だと思っているのです。

なぜわざわざお金をおろしに行くかといえば、現代においてもクレジットカードや電子マネーが使えず現金払いのみ、という医療機関が珍しくないからです。基本的には「自分たちに従え」という姿勢であり、対等に人間扱いされていないことが見てとれます。

なぜ、医者の説明はこんなにもわかりにくいのか？

医者の説明がわかりにくい、そう思ったことはありませんか？

専門用語を使うのはもちろん、話す声が聞き取りにくい。私たち患者に「理解してもらおうという気持ちがないのかな」と思うこともあるでしょう。

年齢を重ねるほど、耳は聞こえづらくなります。

高齢者や聴覚障碍者にはふだんよりもはっきりと話してあげないと十分な会話もで

きないのに、町医者だろうと大病院だろうと、聞こえないことをいいことにそそくさと処方箋《せん》が出され、診察が終わってしまうケースが多発しています。

それでも通い慣れた病院、見知った担当医であればまだ意思疎通もしやすいでしょう。初めて訪れた病院だと極めて一方的に説明を受け、聞き返すのは簡単ではありません。

外国人の場合はもっとつらい思いをします。診療を受けに来ると、相手が日本語を分かっていないのを承知のうえで、日本語で対応して理解させないまま治療や検査にまわします。それが時には大きな医療ミスにつながりかねないのはいうまでもありません。

いずれにせよ、患者にちゃんと説明すると質問されてしまうかもしれないので、質問させないように専門用語を混ぜながら説明を手早く終わらせます。これが、**「医者の説明がいまひとつよくわからない」ことの原因**なのです。

医療というのは地域や病院の規模に関係なく「理不尽」なことが多く、そしておかしなことに私たち患者側がそれを当然のように受け入れなければならないとされています。実際に医者は1分たりとも学校で「患者」の対応のことなど習ったことがありません。

入院経験のある人なら、痛みに耐えに耐えて、それでも苦しくて救いを求めてナースコールを押したのに、全然看護師がやって来ない、という経験をしたことがある人もいるでしょう。ナースコールを押してナースが来ない、これもじつに理不尽な話です。実際に、入院施設のある病院でいえば、**10部屋に対して2人の看護師でまわしていたりします**。極限までコストカットしているため看護師がいないのです。

サービスが悪いだけならまだしも、医療に関していえば、この「理不尽な体験」があまりに多いため私たちの健康や生活にも大きな影響を与えているのです。

医療は命をかけた「博打」である

ふだん血圧120のあなたが、もし病院で200だと誤診されて薬を処方されたら、その薬を飲みますか?

「飲む」と答える人など一人もいないと思います。しかし恐ろしいことに、**曖昧な診察のもとに処方された薬を、知らず識らず大量に飲んでいる人たちが世の中にはたくさんいます**。誤診だとわかっていれば飲みたくないと思うのは当然ですが、それを知る術《すべ》は患者側にはほとんどないため、多少の疑問を抱いたとしてもほとんどの患者が飲むことを選択してしまいます。そうして、必要のない薬を飲むことで、体内にどんどん薬物が蓄積されていき、副作用が出るリスクも抱えることになります。

私は医者ですから、その医者の目から言わせてもらえれば、少々厳しいようですが、危機感がないと言わざるを得ません。それほど、「病院を選択すること」や「自分に合った医療を選ぶこと」は命をかけた博打《ばくち》だということを知るべきです。

私たちが「博打」で失敗しないために、なぜそんなことが起こってしまうのか、もう少し具体的に説明しましょう。

「白衣高血圧」という症状を聞いたことがあるでしょうか。

多くの医師は、医療をサービス業として捉えていないため高飛車な態度です。患者がわからないような専門用語を使って説明し、質問もろくに受け付けないので患者は萎縮してしまいますし、「いったい自分は何の病気なのだろう」「これからどうなるのだろう」と不安になります。不安は人の免疫力を下げますから、医師の対応一つで、治るはずの病気も治らないということもあり得るわけです。

実際、医師の前に立っただけで、ふだん120くらいの血圧がいきなり200に跳ね上がってしまう人もいます。高血圧というわけではないのに、診察する際の不安や緊張など精神的ストレスから自律神経がおかしくなり、胸がドキドキしてくるというわけです。これが「白衣高血圧」と言われる症状で、そう珍しいことではありません。

ちなみに、丁寧に聞き取りをせずに、その場で出た200という数字を鵜《う》呑《の》みにして「高血圧ですね、薬を出します」という医師は驚くほど多いものです。本来なら飲む必要のない薬を気軽に患者に出している医師が日本全国津々浦々、大量にいるということです。

薬という異物を身体に入れることには慎重であるべきなのに、きちんと聞き取りもせず、「血圧が高い→薬を出してハイ終わり」という医師のなんと多いことか。

誠実な医師であれば、「自分の家で1か月、血圧手帳をつけてきてください」と言うはずです。私なら絶対にそうします。ワンポイントのデータなんてあてにならないからです。

それなのに、その手間すらも惜しむ医師がいる。これも、病院にかかるとかえって具合が悪くなる事例の一つの典型といえるでしょう。

検査もせずに安易に鎮痛剤や抗生剤を処方する医師もいます。喉が痛い、頭痛がする。そんな軽い風邪の症状を訴えた患者に「ちょっと炎症があるようなので、抗生剤を」「頭痛には痛み止めですね」というような流れで、たくさんの薬を出してしまうのです。風邪自体を治す薬はありませんから、それは対症療法にすぎません。風邪であれば、栄養価の高いものを食べ、しっかり身体を休めることでたいていは治ります。そういった説明もせずに、薬を出すだけで治療をした気になってしまう医師は多いのです。

症状がつらいときに薬を飲むのはよいのですが、飲み過ぎると胃を荒らしてしまいます。「お腹が痛い」と訴える患者に、今度は胃腸薬を処方します。これではいつまでたっても病院通いを卒業できません。

セカンドオピニオンをいやがる医師が多いのも問題です。もちろん、自分がいいと思った治療を否定されたように思ってしまうのは、わからないでもありません。でも、患者の身になってみればたった一つの命なのですから、何人かの医師の意見を聞いて、納得したうえで自分の命、自分の身体を預けたいのは当然のことです。

医師にとってその患者は、たくさんいる患者のなかの一人という意識なのでしょうが、「患者にとって医師は一人」ということを忘れているのです。

だからこそ、病院選びは「命をかけた博打」なのです。それくらい大事な最初の選択。どんな病院を選ぶかによって、病気の治り具合はもちろんあなたの寿命まで決まってしまうのです。

医師には自由に治療する権限がない

なかには「この先生は信頼できる」と思って病院を選んでいる人もいるでしょう。しかしそんな病院の先生方が、そもそも自由に治療できる権限がない、といったら驚くでしょうか。

患者は病気に関しては素人《しろうと》ですから、医師の言うことを受け入れざるを得ません。その治療がよいのか悪いのか、出される薬についても、それが自分の症状にぴたりと合っているのかどうか判断できないのです。治療にしても薬にしても、同時並行で他と比べることはできないのですから、それも仕方のないことです。

だからこそ、私たちは医者を信頼するしかありません。医療の専門家として、多くの知識と経験から最も適切な診断をしてくれている「はず」だと信じて治療を受けるのです。

しかし現実は違います。

じつは大病院ほど、医師は治療方針に自由がききません。それぞれの病院ごとに大枠の治療方針が決まっていて、それに従わざるを得ないのです。目の前の患者のことを最優先に考えて、その人に合わせてあれこれ試すということができにくいのが、大病院の現実です。

そもそも医師は、薬のことはあまり知らないのです。薬は日進月歩で進化していて、新しい薬がどんどん出てきます。どんどん情報が更新されていきます。毎日の診察に大忙しのなかで医師は、なかなか勉強する時間がとれません。

薬についてのプロは、薬剤師や製薬会社の医療情報担当者、いわゆるＭＲと呼ばれる人たちです。ある意味、医師は薬剤師やＭＲの言いなりなのです。

芸能人や政治家がすぐ「入院」できるVIPルームのカラクリ

大病院とは、一般の人にとってブラックボックスのようなものです。何がどうなっているのか、肝心なことほど強く疑問に感じることもあります。

たとえば、入院したくてもなかなかベッドが空かず、しばらく待たされたという話を聞いたことがあるでしょう。なかには、ご自身がそれを経験して大変な思いをされた方もいらっしゃるかもしれません。とくに最近はコロナ禍もあり、入院するのもひと苦労です。

ところが、です。

なぜか政治家や芸能人などの著名人がコロナなどにかかった場合は、簡単に入院したりしているのを見て疑問に思ったことはないでしょうか。コロナであればまだしも、不正行為等を追求された政治家がなぜか「体調不良」と称して大病院に入院しているようだ、と週刊誌などで報道されることは珍しくありません。

本当にそのようなことがあるのでしょうか。

その疑問にお答えするならば**「YES」**です。

著名人は一般人に比べて、驚くほどサッと入院できてしまいます。がんとか、肺炎とか、何かしらの病名がついているのならまだわかります。そうではないのに、問題を起こした著名人が「体調を崩した」として病院に逃げ込んでしまうのは、どうなのでしょうか。

つまり、ある程度「名前」があって「お金」がある人が頼めば、優先的に入院させてもらえるということがあるわけです。

どういうカラクリかというと、病院には特別なＶＩＰルームがあり、そこは一般の患者は立ち入ることが決してできないような造りになっています。だいたい上層階にあると考えていいと思います。「思います」と書いているのは、じつは、私も明確にはわからないからです。

私も以前は大病院に勤めていましたが、ふつうの医師にはそういったカラクリは知らされません。本当に病院のなかでもごく一部の、上層部の人にしかその場所すら知らされないようになっています。

とはいえ、入院すればそれを担当する看護師は当然いますから、「政治家の○○さんがいるらしいよ」などと、確実性の高い「うわさ」が入ってきます。その情報も、知らされるのは上層部だけの了解事項なのだと思います。

私が聞いた話では、病院によってはワンフロア丸ごと一定の人たちしか立ち入れない場所があるとか、一泊何十万円もする部屋があるなどといいます。

実際にＶＩＰの方々を治療することはあるので、ＶＩＰルームは必要なものではあるのかもしれませんが、それにしても、同じ患者なのに一方は純粋に治療を受けたくて逼迫している患者でも入院ができない現実があります。お金次第でこれほど扱いが違うとは、医療の世界は不公平が当たり前の世界だとつくづく思います。

「名医リスト」を信じてはいけない

病院を選ぶのに、本や雑誌、インターネットなどの「名医リスト」を参考にする人は多いのではないでしょうか。実際、いつの時代も人気があるようで、テレビや書籍でもつねにそのような企画がにぎわせています。

しかし、ここにも医療業界の闇が広がっています。

当然、そのまま全部を信用するのは危険です。

なぜなら、お金を払えば載せてくれる媒体も多数あるからです。そこに載っている情報が嘘とは言いません。でも、自分で宣伝する内容にどれほどの価値があるのでしょう。

実際、私のところにもかつてそのような「広告掲載」の話が届いたことがありますが、丁重にお断りさせていただきました。

掲載された医師の方々を見ると、複雑な思いを抱いてしまいます。

義妹の闘病で気づいた医療の冷たさ

私が今の医療問題に疑問を呈するようになったのにはいくつかの理由がありますが、

その一つが「身内のがん」でした。

6年前。私の弟の妻（義理の妹）が肺がんを告知されました。大学病院に行ったら「もう末期ですね、余命3か月です」と言われたとのこと。治療のしようもないとのことで、絶望の淵に落とされ彼女も、周りの家族も毎日のように泣き暮らしていました。テレビなどで市川海老蔵さんの奥様である真央さんが乳がんで闘っていると報じられたのと同時期のことです。次に死ぬのは私の番だと、彼女は絶望していました。**がんというのは、身体の痛みもあるのですが、それ以上に人の心を蝕《むしば》みます**。心をやられて自殺する人もいるほどです。多くの医師は、そのことをわかっていません。だから、数値や画像だけを見て、「治る見込みがない」「治療もできない」と平気で口にするのです。

あとは家で静かに死を待つしかないという状況でしたが、義理の兄として、彼女をこのまま失意のうちに死なせるわけにはいきません。身内として最大限の努力をしたい、させてくれと申し出て、あらゆる治療法を研究しました。そして、保険外なのですが、遺伝子治療や免疫治療を試してみることにしました。

そして、毎日のようにＬＩＮＥを送って病状をたずね、彼女を励ましました。

「絶対にぼくが助けるから。諦めないでください。必ず治す治療法を見つけるから。絶対に大丈夫だから。命がけでするので、ぼくに頼ってください」

そうしたら、奇跡が起こりました。

３か月と言われていた余命がどんどん伸びて、結局、彼女は３年半、命を長らえたのです。完治までには至りませんでしたが、その3年半のあいだ、ほとんど入院せず、彼女は家族と日本中を旅行するなど、楽しい時間を過ごすことができました。

技術的にはもう何もできることはないと大学病院が見放した余命3か月の末期がん患者としては、すばらしい延命だったと思います。そして、何より大事なのは、どんな治療でも救えなかった彼女の心が安定したことです。

人間、希望を持てているあいだは強くなれます。絶望するのは、もう何もしようがない、と見放されたときです。

遺伝子治療や免疫治療がどこまで彼女の身体に効いたのかはわかりません。でも、少なくとも「心には効いた」のです。技術に基づいた治療ではありません。しかし、彼女は「治療をしている↓治るかもしれない↓頑張ろう」と、生きる希望が持てたのです。

この経験を通して、私は、今の医療業界に欠けているものを見た気がしました。

私は糖尿病が専門です。糖尿病は、インスリンが十分に働かないために、血液中を流れるブドウ糖（血糖）が増えてしまう病気です。血糖値が高いまま放置されると、血管が傷つき、心臓病や失明、腎不全、足の切断といった、より重い病気につながります。

そうならないためには、将来にわたり血糖値をはじめとした自己管理が必要です。また、血糖値のコントロールがうまくいかず、病気が進行した場合は、人工透析が必要になることもあります。突然、心筋梗塞《しんきんこうそく》や脳卒中を発症して不自由な生活を強いられることもあります。病気が発覚してすぐ死ぬか生きるかということにはなりませんが、長く付き合っていかなければならない、かなりやっかいな病気なのです。

ですから、糖尿病になってしまった患者は、非常に落ち込みます。今すぐ死ぬわけではなくても、この先、自分が倒れたら家族はどうなるのだろうと思ったり、子どもが成人するまで生きていられるのだろうかと思ったり、大きな不安を抱えます。

大学病院に勤務していたとき、私はそのような患者の心に寄り添えませんでした。技術的な側面から患者の血糖値が上がった、下がった、それればかりを気にしていたのです。数値がよくなれば、それで責任を果たしたような気がしていました。

ところが、なんと私自身が糖尿病になってしまいました。

開業してから、無我夢中になって頑張ってきましたが、思うようにいかなかった。そのストレスから間食や夜食を食べるようになってしまった不摂生がたたったのです。

専門家であるだけに、合併症の恐ろしさについては誰よりもよく知っています。夜も眠れないほどの不安に駆られました。

病気に対する恐怖だけではありません。仕事ができなくなったら開業時に借りたお金はどうやって返したらいいのか、子どもが大学を卒業するまで面倒を見られなかったらどうしようか。毎日のように葛藤していました。

こんなにも患者は不安なのか。いかに最先端技術の治療法を知っていようが、その不安がなくなることはありません。不安があるから苦しいし、体調もよくなる気がしませんでした。

糖尿病は一時的なものですみましたが、自分がその立場になってみて初めて、患者の気持ちがわかりました。

そして、これまで私が行ってきた治療が、ただ技術的に病気を治すだけの「冷たい治療」になっていること、そしてそんな病院には私自身が行きたくないということを強く実感したのです。

「おもてなし」の視点が医療業界に革命をもたらす

ここまで、病院を「技術」で選ぶことがいかに危険かということについてお話ししてきました。日本ではいまだに医師も患者も次の方程式を信じきっています。

「医療＝技術」

いかがでしょうか。あなたもこれまではそのように思い込んでいた節《ふし》はないでしょうか。しかし、これからの時代、「医療＝技術」というのは危険を伴う考え方といえます。もちろん、医療に技術は必要ですし、技術のある病院がダメだと言っているわけではありません。

「技術だけ」がダメ、ということです。

「技術だけ」を盲信し、技術や設備があることだけをことさらアピールするような病院は今後、十分な医療を提供できなくなるのです。

「技術」ではない、「設備」でもない。名医リストに載っているという「知名度」でもない。だとしたら、いったい私たちは何で選べばいいのでしょうか。

私は、それが「ホスピタリティ」だと考えます。つまり、私は医療を次の方程式で捉えているのです。

「医療＝技術＋ホスピタリティ」

ホスピタリティとは、一般的には「おもてなし」という言葉で広く認識されているかもしれません。２０２１年に開催された東京オリンピック・パラリンピックの招致に向けた最終プレゼンテーションで、滝川クリステルさんが「おもてなし」という言葉を使ったことでも話題になりました。おもてなしとは「相手に敬意を持ち、対価を求めない心で接する」という意味の言葉で、日本人の心の持ちようを表すすばらしい言葉だと思います。

一方、これは先ほどまでお伝えしてきたような、患者を一人の人間として見ていない大病院の現状とは、まったく相容れない言葉でもあります。

これまでの医療業界には、「おもてなし」という視点がまったくありませんでした。おもてなしどころか、患者に敬意を払わない。患者の身になって考えない。疑問があっても意見を言わない。それが当たり前でした。さらに、患者には専門知識はなく、それを調べることも困難でした。だから患者もそれを黙って受け入れるしかありませんでした。

でもネットが発達したいま、治療法について調べることが誰でもできるようになり、よりよい治療が受けられる医療機関を探すことができるようになっています。当然、自分の通っている病院と比較検証することになるでしょう。そうして、これまで「おかしいな」と疑問を持ちながらも、「医師に意見するなんてとてもできない」と黙認してきた人たちが意見を言えるようになってきたのです。

やっと、「医療業界の闇」が問題化されてきたように思います。**「医療業界の闇」と私が表現するのは、「長年の慣例によって常態化した、患者の不利益につながっている医療業界の極端なあり方」といった意味のものです。**

この「医療業界の闇」を前提とした医療が続いていることで、多くの患者がこれまで健康を知らず識らずのうちに損なっていたり、本来はもっと治療効果が望めたはずの治療を受けられずに涙したりしていました。

「医療＝技術」という方程式のもと、医師が絶対的な立場から患者を治療するスタイルも、この「医療業界の闇」が根っこでは関与していました。

突然「医療業界の闇」などというと、なかには驚く方もいらっしゃるかもしれません。

それもそのはずで、**私自身がじつは「医療業界の闇」に気づいたのがまさにここ10年ほどの話なのです**。それまではむしろその前時代的な慣例のなかに私自身が身を浸かせ、違和感はありながらも気づくまでには至りませんでした。だから、私は開業してすぐに倒産危機を迎えたのでしょう。

しかし、いろいろなきっかけのおかげで、私は「ホスピタリティ」という言葉に出会い、おもてなしを取り入れることによって、これまでの医療業界の慣例がいかにブラックボックスのなかにある「一般常識」とはかけ離れた、また患者視点でないものかということに気づいたのです。

初めて気づいたそのときの驚きは筆舌に尽くし難いものがありました。そのときの率直な私の印象が「医療業界の闇だな」というものだったので、本書でも同様の表現で書かせていただいています。決して大袈裟《おおげさ》な表現ではないことだけ、お伝えしておきます。

気づいたからには、とことん患者視点で医療サービスをしよう。

気づいたからには、少しでも医療で悲しい思いをする人を減らそう。

その気持ちで今も朝から病院の門を開け、そして来院されない方々に対してはこうして少しでも役立つ情報を提供しようと思っているのです。

第2章ではこの「医療業界の闇」がいったいどのようなものかについてお話しします。どうして今の医療が「医療＝技術」という方程式のもとに成り立っているのか、それによって患者がどんな不利益を被っているのかをまずは理解することが重要です。

それがあって初めて、

「医療＝技術＋ホスピタリティ」

という方程式の重要性も理解しやすくなるでしょう。

それと同時に、ホスピタリティを取り入れた医療改革がどれほど大きな意味を今後の医療に与えるのか、どういう背景でホスピタリティ導入に成功したのか、また、それを実践している病院選びやご自身の健康管理などにも、より深く役立つ知識を得られるはずです。

第2章

医療を腐らせている隠された真実は「これ」だ！

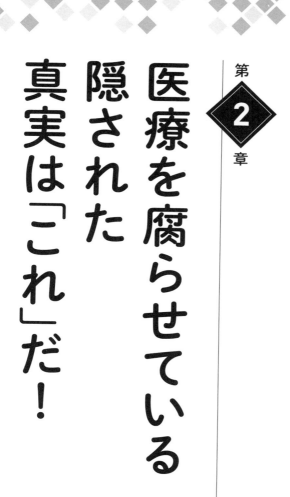

倒産寸前の病院経営で気づいたこと

私たちの健康、そして人生と医療は切っても切り離せない関係です。

そんな医療の根本が変化しようとしていることはお伝えしてきましたが、実際のところ今の時点で、医療業界の闇の部分に気づいている医療従事者は、そう多くはありません。所々で綻《ほころ》びが生じているのにもかかわらず、いまだ大病院のやり方が正解だとし、そのまま突っ走っている医療従事者も少なくないのです。

医療業界の現状に大きな変革を与えてくれるのは、これまでまったく無縁の存在だった「ホスピタリティ」の考えです。

患者側も「ホスピタリティ」を前提とした医療を選択することで、治療効果もよくなり、また医療業界自体も淘汰《とうた》されて浄化されていくことでしょう。ただし、その話をする前に、**現在さまざまな医療現場で生じている問題の根本原因でもある、「医療業界の闇」について知り、問題意識を正確に持つことが大切です。**そのうえで、その問題点を払拭し、より患者にとって有意義な治療を求めてほしいのです。

そのためにも、まずは私自身がそれまでの慣例的な医療からホスピタリティの医療へと意識変革に至った経緯からお話ししましょう。

私自身が医療業界の闇に気づいたのは、自分が大学病院を辞めて自分のクリニックを開業したおよそ10年前のこと。それまで培ってきた医師としての自信がガラガラと崩れ去る出来事がありました。クリニックを開業するにあたって雇ったスタッフが次々と辞めてしまい、倒産寸前の危機に見舞われたのです。本当に、もうダメだ、と思いました。

それまで勤めていた大学病院では、医師は職人のような働きを求められていました。患者を診ていればそれでいい。要するに、医学部で学んで得た「技術」さえあれば、勤めていられる職場だったのです。

それが、クリニックを開業してみてわかりました。開業医は、医療だけでなく、経営もしなければならないということに。

もちろん、「開業医＝経営者」であると、頭ではわかっていました。開業前には、経営についてセミナーで学んだり、コンサルタントに頼んでアドバイスを受けたりしました。でも、本質的にはまったくわかっていなかったのだと、今にしてみれば思います。

医療の闇に慣れすぎて犯した「2つのミス」

開業医は、患者を診ると同時に経営者でもあります。患者を診るだけではなく、スタッフを雇い、彼らの給料が滞《とどこお》りなく払えるだけの売り上げを確保しなければならないという命題があります。人を雇うということ。人を管理し、気持ちよく働いてもらうということ。それが、こんなにも難しいことであるとは想像もしていませんでした。

私が犯した過ちは大きく2つありました。

①人を採用する目を持っていなかったこと

まず、私には、人を見る目がありませんでした。開業時のスタッフ募集は、コンサルタントの指示のもとに動きました。

どこのクリニックもそうだと思いますが、まず開業する場所に大々的に看板を立てて、「ここに新しくクリニックができます」と地域に知らせます。そして、新聞広告にスタッフ募集のチラシを入れます。さらに、インターネット等で、クリニックの開業を告知します。

大病院ではない、地域に根差したクリニックの場合、これで人は集まります。当時、つまり10年前、私のクリニックには100人の応募がありました。ちなみに、今はもっと人材不足だと聞いています。

募集人数は10人ほどですから、10倍の応募です。単純だった当時の私は、選《よ》りすぐりの人を選べるのだ、とうれしくなりました。面接をして結局、9人のスタッフを選びました。看護師が5人、医療事務が3人、管理栄養士が1人という内訳です。

選ぶ基準として、とにかく経歴と経験を重視しました。医療機関で働いたことがあり、即戦力になる人、というわけです。できれば、いい学校を出て、大きな病院で働いていた人がいいと思いました。人柄については、あまり重視しませんでした。

そこが間違っていたのです。経歴や経験、そういった上辺《うわべ》だけで見て、一緒に働く仲間としてどうか、患者に親切にできるか、そんなことは考えもしませんでした。

今でしたら、まったく別の基準で人を選ぶと思います。経歴や経験で得られる技術は、後からついてくる。でも、「思い」というか、「患者を助けたい」とか「やりがいを持って仕事に取り組みたい」という気持ちは、その人自身の人柄にかかっています。

医療、とくに私の経営するクリニックのような地域の人を対象とする医療は、技術以上に人柄が大切です。医療は人に関わる仕事なのです。

そこで何が起こったか。

お恥ずかしいことですが、すべてお話しします。


はじめのうちは全員が初対面、このクリニックにおいては新人同士ということで、クリニック内にはいい意味での緊張感がありました。新しいスタートというのは、やはりみんな「頑張ろう」という気持ちで団結します。たがいにいい面を見せ合います。

それが、1年、2年とたつうちに、みんな素《す》の自分が出てきます。人間同士ですから、あの人は好き、この人は嫌いということも始まります。派閥も生まれます。

同時に、徐々に患者が増えてきます。患者が増えることはありがたいのですが、そのぶん、忙しさが増します。忙しいと人間、余裕がなくなり、人に対する思いやりがなくなってきます。目の前のことをこなすのに精いっぱい。そんななかで、いろいろなミスが毎日のように起こるようになってしまいました。

患者からはクレームが入り、クリニック内では責任の押し付け合い。つねに誰かが文句を言ったり、怒鳴っていたりするような、最悪な環境になってしまったのです。

②上から目線でスタッフを叱りつけていたこと

私はといえば、優秀だと信じて採用したスタッフがミスを連発することに怒りがわき、スタッフを叱りつけていました。ミスをした本人がいちばんショックを受けているはずなのに慰めることもなく、「もっとちゃんとやれ」と。今だからわかるのですが、人間、叱られれば叱られるほど精神状態が不安定になることからミスが増えるものです。そして、ミスを隠すようになります。

あるいは、人のせいにするようになります。

「その患者を対応したのは私ではありません」

「私は指示された通りに動いただけで、そのあとの誰かがミスをしたんです」

こうなると、もう人と人とが信じ合えなくなります。人間関係はしっかり壊れ、スタッフはみんな精神的にまいってしまいました。まさかの心療内科に飛び込んだスタッフもいたのです。

そして、こんなクリニックではとても働けないといって、どんどん人が辞めていき、冒頭の「倒産危機へとまっしぐら状態」になったのです。

クリニックは、医師だけでは成り立ちません。このままでは、倒産してしまう。私は焦りました。とりあえず残ってくれているスタッフや妻の力を借りてしのいでいましたが、いつまで続けられるのか。

「このままではいけない！」

このとき初めて私は、この状況を引き起こしているのは、大学病院で培ってきた私自身の考え方であると気がつきました。そしてそれは、私個人だけの問題ではなく、私が少なからず信じてきた「医療業界」が抱えている問題でもあると思い至りました。

つまり、医療業界の常識は、一般社会の非常識であるということです。そして、その常識が医療業界の闇をつくり出しています。

私自身もその「闇」を毎日せっせとつくり出している一人だったのです。

不健全な「3つの断絶」が闇を深くする

私自身が「医療業界の闇」のなかにいて気づかなかったこと、そしてともすればその闇に加担していたこと、何より患者にとって最善の医療を提供できていなかったことが何よりもショックでした。

そこで私は初心にかえり、医療業界のことをとことん考え直してみたのです。今の「医療=技術」という文化が根付き、それが決して患者のための医療になっていないものになってしまったのは、どうしてなのか、と。

そうして、患者を診療しながらスキマ時間に自問自答する日々が続きました。その甲斐あって、ついに答えが見えてきたのです。

日本の医療業界の闇は、大きく分けて次の3つの要因から生まれています。

●大学病院において、教授の力が強すぎる
●技術が専門分野で分かれている
●患者に対して医師が極端に権威化している

これらは私が当たり前だと思って過ごしていた日常であり、環境です。
順番に説明していきましょう。

【①大学病院において、教授の力が強すぎる（医師同士の断絶）】

大学病院は、各科の教授を頂点として、主任教授・准教授・助教授・医局員・研修医などさまざまな医師で構成されています。ピラミッド型のヒエラルキーのような組織になっており、上下関係は非常に厳しいのです。とくに頂点に立つ教授は絶大な力を持っています。

東京や大阪などの大都市圏を除くと、基本的に1つの県に医学部は1つですから、た

とえば呼吸器科だと1つの県に呼吸器科の教授は1人しかいません。なのでその県の呼吸器医療の診療方針は、その教授しだいということになります。もちろん県内の大きな病院の呼吸器科の人事権も握っています。また、医療にはお金がかかりますが、教授の一声で大きなお金が動くこともあります。

これほどまでに大きな力を持っている教授に、誰も逆らうことはできません。教授に気に入られなければ出世もままならないわけですから、みんな必死で教授のご機嫌をとります。おべっかを使えなかったために教授の逆鱗《げきりん》に触れてしまい、ある日突然、僻地に飛ばされてしまった医師の話を聞いたこともありますが、とくに驚くようなことではなかったほどです。各科において、そのような教授たちがちゃんと棲み分けてそれぞれの派閥を形成しているのが医療業界であり、**医師同士の健全なコミュニケーションはなく、所属する科や教授によって「医師同士の断絶」が起きているのです。**

このような状態が続くと、どうなるか。

みんな自分の意見を言えなくなるのです。

言えなくなるなんてものではありません。いうなれば「絶対厳禁！」状態。まさに侵してはいけない領域です。教授の立てた治療方針に疑問を持つことすら危険だと感じるようになります。「俺のやり方に文句があるのか！」などと思われたら文字通り「おしまい」ですから、何を言われても「はい！」と答えるしかありません。そのうちに自分で考える力が失われてしまいます。

このように文章にして書けば「おかしい」と思うのがふつうの感覚かもしれませんが、この環境のなかにいると、本当に「はい」と答えるだけの環境が当たり前すぎて疑問を持たなくなるのです。

教授の言う通りの、いわば**「教科書通りの治療」**しかできなくなってしまうのです。

【②技術が専門分野で分かれている（分野の断絶）】

技術が専門に分かれるのは、よいことのように思われます。実際、専門に分かれることで、それぞれの技術が高度化するというよい点もあります。では、なぜこれが「闇」化しているのかというと、①の権力争いの影響を受けて、**それぞれの医師が自分の領域で幅を利かせるために、どんどん専門領域において分科し、他者を排除しているという背景があるからです。**

専門に縛られてしまうことで、全身を診ることのできる医師が少なくなってしまうからです。専門ごとの縄張り意識が強くなり、合理的な治療が進みにくいという問題もあります。

人間の身体は、パーツごとの組み合わせでできているわけではありません。「お腹が痛い＝お腹の部品を修理したら治る」「頭が痛い＝頭の部品を交換したら治る」というものではないのです。お腹が痛い、頭も痛い、それらを総合して診て、その人の身体の病《や》んでいる部分がわかるということも往々にしてあるわけです。しかし、専門に分かれ「分野の断絶」が生じることで、まったくできなくなります。

かつての医療はこうではありませんでした。町医者は、風邪でも腹痛でも頭痛でも、患者が「先生、診てください！」とやって来れば、全身を診てくれていました。そういえば昔は、往診してくれる医師もいましたね。

教授の権力争いに付き合わされる形で私たちの医療選択肢は狭まり、命を危険にさらすことさえあるのです。ですから、専門に分かれすぎている、全身を診てくれる医師がいないということも医療の闇の一つにあげてよいと私は思います。

【③患者に対して医師が極端に権威化している（患者との断絶）】

①と②は医療の世界における闇ですが、その影響を受けるのは患者です。その現場において医師と患者の断絶があるのも闇の一つと言えます。

通常のビジネスでは考えられないほどサービスの受け手である患者側に対して医師が権力を持つ構造になっています。説明も十分ではなく一方的に薬が処方されて「嫌なら診察しない」と突きつけられる。そんな構造が医療という巨大なサービスの世界を一層おかしく狂わせているのです。

医師というのは、エリート意識が強く、プライドが高いものです。なかには腰が低い医師もいますが、患者に「自分のほうが立場が上だ」という意識がみえみえの横柄な態度で接する医師も少なくありません。いくら国家試験に合格したからといって、初対面の患者、自分より年長者である患者に対してもタメ口で話したり、質問をされたら不機嫌になってしまう医師のなんと多いことか！　患者に対して圧倒的に「上」の立場にいると勘違いしていることもまた、医療の闇につながっています。

詳しくはのちほど説明しますが、たとえば大学病院などの大きな病院では患者は「論文を書くためのデータ」として扱われていることが多々あります。また教授の論文や指導に治療方針が沿うようにされていることもあり、目の前の患者にあわせて治療方針が決まっているわけではなく、もともと治療方針はすでに定められてしまっているわけです。

患者の病状に従うのではなく、論文に従っている。

そんな状況があるわけです。

すべて「教科書通り」で片づける医療業界

医療業界には「3つの断絶」があり、それによって医療の闇が形成されていると考えられます。それによって、医療現場において患者のことが考慮されないケースが全国のさまざまな場所で発生しています。

これでは医師たちが「患者の症状」に寄り添って、「患者の声」に従って医療を考えている、とはとても言い難いものです。先ほどの①〜③の内容に関していえば、次のように言い換えることができます。

①教授の力が強すぎる＝**教授に従う**
②技術が専門分野で分かれている＝**専門分野に従う**
③患者に対して医師が極端に権威化している＝**論文に従う**

これらはそれぞれ違う問題に見えますが、根底の問題はひと言で言い表せられると思っています。医療はとかく「教科書通り」という考えに固執しているということです。**「教科書通り」とはつまり、絶大な権力を持つ医師たちによって長い時間を経てつくられた「暗黙の了解」であり、権力を保持するための「処世術」でもあるのです。**

教授に逆らえないので、「教授という教科書」に従う。

この病気はこの分野の医師が診る、と決められていてそこから外れてはいけないと教科書に決められているので、逸脱する行為はしない。

患者に対してさまざまな治療方法を提示し、患者の意思を尊重するよりも上司などの決定や自分の派閥の教授が書いた論文という名の教科書に従う。

この「教科書通り」から外れた医師たちはもれなく、つまはじきにあい、希望するような医師活動はできなくなるのです。

免許更新したかっただけなのに病院で認知症になる悲劇

「教科書通りの治療」というのがそんなに悪いことなのか？

そう思った人もいるかもしれません。そもそも、「教科書通りの治療」といってイメージできる人は少数だと思います。

たとえば、当院には糖尿病における血糖コントロール不良の患者がよく飛び込みでやってきます。「血糖コントロール」というのは、血糖値を正常値に近い適切な範囲で維持することで、血糖コントロールの状態が悪いと合併症を起こしやすくなるなどの弊害が生じます。飛び込みでやってくる方には60～70歳代と高齢の方が多いのですが、その背景には、**「運転免許の更新日」**があります。

どういうことかというと、いくつかのステップがあります。

最初の出発点は、運転免許の更新のために白内障の手術をしないと視力検査で引っ掛かるため、免許の更新ができない、という事情があります。そこで眼科に行って直ぐに手術をしてくれとお願いしたものの、糖尿病コントロールの状態が悪すぎて（ＨｂＡ１ｃ《ヘモグロビンエーワンシー》が８％以上）手術をしてもらえない。「手術をするなら糖尿病コントロールをよくしてからでないと、合併症リスクが高いのでできません」と言われ、大病院を紹介されます。

そこで大病院に行ったところ、今の悪い状態の血糖コントロールをよくしたいなら、１か月入院してインスリン治療をやらなければできませんと言われます。これが「教科書通りの治療」です。

しかし、当院では入院はせずとも、１か月で手術できるまでになるよう治療します。つまり、週１回、あるいは、毎日通ってもらえば看護師がインスリンやＧＬＰ―１といった注射を打つので、自分で注射を打つ必要もなく、通ってもらうだけで入院と同じ効果が出るのです。

それを聞いた患者は例外なく安心されます。これが**「教科書にない治療」**なのです。

患者は一人ひとり背景が違います。ふつうに元気に仕事をしている人が1か月も入院することは現実的に難しく、非正規雇用で働いている場合は解雇されるリスクもあります。

また、高齢になればなるほど、入院すると環境適応能力が乏しくなるため、入院したことで認知症になってしまい健康状態としてはむしろより深刻になることもあります。入院すれば自宅とは状況がガラッと変わり、夜間は消灯で暗くなるし、まったく知らない人が病室を行き来するようになります。そのような環境変化によって患者は頭が混乱し、場合によっては錯乱状態にまで陥ります。

大声で一晩中叫ぶ、徘徊《はいかい》して病棟から出て行ってしまうということも発生します。看護師もそれに振りまわされて、一晩中、錯乱状態の患者に気を配り、他の患者のケアが行き届かなくなるくらいです。

大病院に勤務した経験がある医療従事者なら誰しも経験したことがあるでしょう。高齢者を入院させたことで認知症が一気に進み、家族に引き取りに来てもらったときにやっぱり「入院させるべきではなかった」と後悔する。そういった経験を、一度ではなく何度もしているはずなのです。

しかし、教科書には「糖尿病の状態が悪ければ入院してインスリン治療をすべし」としか書かれていないため、どの医者もそうしてしまうのが現状です。なぜ、目の前の患者を診て治療を変えないのかと思わずにはいられません。

もちろん、これは白内障手術に限ったことではありません。

同じ糖尿病のなかだけでもたとえば、歯槽膿漏《しそうのうろう》がひどく抜歯をすすめられたが、やはり糖尿病コントロールの状態が悪いので抜歯ができない、などの事例もあります。糖尿病コントロールの状態がよくならないと抜歯後の傷が治らないため抜歯できないと言われ、大病院を紹介されます。あとは、先ほどと同様、「教科書通りの入院」でインスリン治療を強制されるのです。

本来は治療の選択肢は一つではないのに、「教科書通りの治療」に従おうとすることで、一つの選択肢しか提案されないのが今の日本の医療の「常識」となっています。

ただ免許の更新をしようとしただけなのに……。

もしかしたらもう車には乗っていないため、実際には更新する必要さえなかったかもしれないのに……。

医師の言葉に従ったことで取り返しのつかない身体にされることがある。それが「教科書通りの治療」の怖さなのです。

「歪んだプライド」を生み出す論文システムの怖さ

医師がプライドを持つのは悪いことではありません。自分の職業にプライドを持つことで、真摯《しんし》な姿勢で治療に取り組めるのであれば、それはよいプライドです。本来、持つべきプライドではなく、歪んだプライドを持ってしまうことが問題なのです。私は、医師が歪んだプライドを持ってしまうことの原因の一つが、医療業界の**「論文システム」**にあると考えています。

大学病院は、論文を書くことで評価されます。論文の数が多ければ多いほど、「えらい」のです。ここに歪んだプライドが生まれます。目の前の患者に向き合わず、論文を書くことに気持ちも時間もとられている医師が、自分は「えらい」と思い込んでしまうのです。俺は誰よりも論文を書いているぞ、と。だから、誰よりも評価されるべきだ、と。

論文を書くのは悪いことではありません。広い意味で患者のためになることは事実です。でも、評価されたいがためにとにかく論文を数多く書こうと、患者の利益はそっちのけで論文に取り組む医師が多く、**患者のためというより、論文のネタにするための治療を行う医師も少なくないのです。**患者を患者として診ていたら考えられないことです。

教授になるのであれば論文は必要でしょう。

でも、誰もが教授になれるわけではありません。極論かもしれませんが、いずれ開業医になるのであれば、論文は紙屑同然です。出世の道具としての論文を書くことはやめてほしいと思います。

しかし論文というものが「御老公の印籠《いんろう》」かのように、医師にとってものすごい力を発揮する世界になっているのです。だからかつての私もそうだったように、「教科書に従う」ということが当たり前に医師の頭のなかに刷り込まれてしまっているのです。

大学病院の教授の権力ってどれだけ？

「そんなに論文の影響力があるのか？　嫌なら逆らえばいいのでは？」

そう思う人もいるでしょう。閉じた世界ゆえに知られることはあまりありませんが、教授の力が強すぎる問題について、もう少し補足したいと思います。

どの業界にも類をみないほどのヒエラルキーがいかにして生まれるか、大学病院の裏事情についてのお話です。

そもそも教授や上の立場の人に気に入られなければ、医師は臨床能力を伸ばしていくことすらできません。たとえば、手術は経験がものをいいます。何回も経験することで、上手になっていくのです。胃カメラ一つにしても、経験すればするほど上手になるわけですが、やらせてもらえなければどうにもなりません。**そして誰に手術をさせるか、それを決めるのが他ならぬ教授や上の立場の人なのです。**医師がいかに教授や上の立場の人の目を気にして生きているか、おわかりいただけたでしょうか。たった一度教授の論文にケチをつけただけ、たった一度言うことを聞かなかっただけ、たったそれだけで医師として経験を積む機会さえも当たり前に奪われてしまうのです。**だから「教授」という教科書に従うことは絶対だとされるのです。**

だいぶ昔の話ですが、『白い巨塔』という山崎豊子さんの長編小説を元にしたテレビドラマがありました。浪速大学に勤務する財前五郎と里見脩二という対照的な人物を通し、医局制度の問題点や医学界の腐敗を鋭く追及した社会派ドラマです。ドラマとはいえ、かなり真実をついていると私は思います。

小説が書かれたのは1960年代で、当時と今とでは少し事情は違っていますが、医療業界が「封建的な人間関係」と「特殊な組織」で築かれた非情な世界である点においては今も変わっていません。

医師免許を取得した新人医師は、多くの場合、自分が卒業した大学の大学病院に研修医として所属します。近年、臨床研修医制度が発足してからは、母校以外の病院に進む医師も増えたようですが、一般的には研修医の所属先は大学病院となります。

2年間の前期研修期間を終えると、医師はどこの科に行くか、つまり専門を決めることになります。専門が決まると、医師はそれぞれの科で修行を積みます。

その先はそのまま大学病院に残る医師と、どこか別の病院に所属する医師とに分かれます。この人事権を握っているのが、教授なのです。

大学病院は、いろいろな地域の病院に医師を派遣します。その人事権を握っているのが教授なのです。どこの病院に派遣されるかで、若手医師の人生は決まってしまうといっても過言ではありません。

少しでも気に入らないところがあったり、教授に歯向かったりしようものなら、そういう人から順に地方に飛ばされます。希望通りの配属なんて夢のまた夢の話です。どんなに実力があっても、です。恐ろしいのは、そもそも実力をつけることさえ許されないことです。

さらにいえば、研修期間を終えて就職する病院も基本的には自身が所属した教授の息のかかった病院となることが多くあります。大学にいる間だけではなく、医師として働くにあたって生涯にわたってその影響は続いていくのです。

「生意気認定」でたちまち僻地へ排除される

この事実に気づいたときは衝撃的でした。私の身体のなかに、しっかりと医療業界の悪しき常識が、それはもうじっとりとこびりついていたのです。

医療業界の常識として、まず上下関係が非常に厳しいということがあります。後輩より先輩がえらい。准教授より教授がえらい。研修医より医師がえらい。ある意味、体育会系なのです。下の立場の人は上の立場の人に意見することができません。**たとえば大病院などでしたら、そんな生意気な人はたちまち「排除」されてしまうからです。**

排除とは何か、と言われればそれは各病院によっても違うでしょうが、文字通りの「排除」です。**僻地への異動。その人の後輩を先に引き立てる。希望とは違う病院への赴任や低い役職への配属。**「排除された」と絶望を感じさせる方法はいくらでもあります。

なぜか？　それは、そもそも医療業界というところが、実に温かみのない、無慈悲な競争社会だからです。医学部を卒業し、国家試験に受かっただけでは、医師になれません。まず、どこかの病院に研修医として配属される必要があります。

どこの病院に入るか、そこからしてまず競争です。東京や大阪などの大都市で、できるだけたくさんの経験が積めるところ、名前が知られているところが人気ですが、ようやくもぐり込んだところで、そこでまた競走が始まります。上の立場の人に気に入られなければ、出世はできません。

医師というのは本来、真面目で勉強家、向上心にあふれた人が多いですから、どこにいても上を目指して頑張ります。しかし、そのうちに、すっかり長いものに巻かれろ的な思考が身についてしまうのです。

実際、その組織の意見に逆らったことで、会社でいうところの窓際、閑職に追いやられてしまった人は山ほどいます。その人の能力や才能とはまったく関係なく、です。

命を救う現場で脅迫・ハニトラ・怪文書

このような仕組みが存在しつづけているというのは、病院で診療してもらうことで治療経過が悪化しているというケースがごまんとあるということでもあります。よくならないため、何度も病院に通うことになり、治療費も国の負担も大きくなる。このようなことが、ひと言でいえば「医者による二重の権力構造」で生じています。

一つは病院内での権力、もう一つは「医者—患者」の上下関係に基づいた権力構造です。まさに「医療の闇」です。患者視点など、夢のまた夢といえるでしょう。

そもそも、どうしてそんな意識ばかりの医者なのか。

患者のことを「ふつう」に考えてくれる医者はいないのか、と思うかもしれません。

先に答えからお伝えしますと、残念ながらほぼいないのです。

本来は公にする内容ではないのかもしれませんが、少しでも患者にとって「医療の選択」に役立つことにつながるだろうという確信から、もう少し具体的にお話をさせていただきます。

大病院の常識といえば、こんなことがあります。上下関係が厳しいと言いましたが、その前提となる出世競争は熾烈《しれつ》を極めています。

まず、大学病院で行われる教授選。大学病院の場合、病院に残るからには当然、教授になりたいわけです。

教授のポストが定年退職などで空いて公募をすることになったとします。この場合、講師以上の肩書きがある人、つまりある程度の論文を書いてきた人なら、誰もが教授選に応募できます。何人かの応募者のなかから、投票によって教授を決めるのですが、**そこで何が起こるかというと、まさにドラマを彷彿《ほうふつ》とさせる内部抗争です**。

辞めていく教授が自分が可愛がっていた講師を教授にしたいために、他の講師に圧力をかけた。それに反発する勢力があり、内部の票が割れかけた。他大学からの応募もあるので、内部がまとまらないと他大学の人に票が集まってしまいます。

それを避けるには、内部の誰についたらいいか。誰が教授になるのが自分にとっていちばん得か。内部での睨み合いが始まるわけです。自分がついた人が教授にならなかった場合、裏切り者として干されてしまう可能性もあります。あからさまではなかったのですが、自分の側についてほしいと、賄賂のようなものが流れたという噂も耳にしました。

私が目にしたケースでは、内部抗争に敗れた講師たちは僻地の病院に飛ばされてしまいました。10年、20年と病院に貢献してきた人をポイと捨てるような理不尽な結末に、恐れを感じると同時に、こんなところにいてはいけない、自分の心が腐ってしまうという思いを持ちました。

出世競争で相手を陥れるために、デマを流した、女性を使ったハニートラップを仕掛けた、隠し子がいる、不倫をしている、セクハラをしたなどの怪文書を流したなど、まるで小説のようなことが実際に繰り広げられているのが、大学病院という世界です。脅迫状や探偵による調査結果などを送りつけてきて、相手を操ろうとする輩《やから》もいます。しかしみんな賢いですから、足がつかないようにするのです。誰がやったか、何のためか、証拠は絶対に残しません。

思い出していただきたいのは、これが行われている場所が、毎日命懸けの患者さんが大勢訪れるような場所だ、ということです。それだけではありません。医療の発展に寄与すべき使命を与えられた場所でもあります。そこでこんなことが平然と行われているのです。

患者に訴えられた同僚を見て喜ぶ医師たち

病院では、ときどきとんでもない事故が起こります。たとえば、**乳がんの手術で右胸を切るべきなのに左の胸を切ってしまった。患者を間違えてがん手術をしてしまった。**患者が亡くなったわけではないケースでは、報道されないことも多いので、おそらく皆さんが思っている以上に、医療事故はたくさん起こっています。

私が「ここまでひどいか！」と思ったのはそんな事故が起こったときでした。**医療事故で患者から医師が訴えられると、喜ぶ同僚がいるのです。**それも先ほどお話しした出世競争に由来しています。同僚の落ち度は、自分が優位に立てることになるので、「おいしい」のです。人として恐ろしいことですよね。

ちなみに、医療訴訟というのは本当に難しいので、一般の人が弁護士を立ててやっても、99％勝てません。それで結局、闇に葬られてしまうケースが多いのです。証拠をすべて隠滅してしまうのは日常茶飯事。そんなわけで、医師という職業は、権力に守られた最強の殿様商売の一つといえるでしょう。

患者の希望より上司の指示や自分の研究（論文）のほうがはるかに大事なのです。そうして「患者の言葉を聞く」などという考え方など当たり前のように持ち合わせていない、元から患者の言葉なんて存在しないような医療がつくられているわけです。

百歩譲ってそれが患者の治療にとってプラスになっているのであればいいのですが、すでに述べたように現実はそうではありません。最近は情報もいろんなところにあふれていますから、患者も知識を持っている方が増えてきています。むしろそんな患者を上から押し付けることで、患者は不満ばかり溜まってしまい、病院を探している間に症状が進行してしまう。進行するほど大病院でなければ対応できなくなり、より「教科書通り」に対応されてしまう可能性が高まる、という悪循環に乗せられてしまうのです。

まさに、これは患者側に知られていない医療業界の大きな闇の一つでしょう。

人間は「パーツごと」にできているんじゃない！

今ある多くの病院において、その治療方針が院内の権力構造によって決められている側面がある、という部分だけが問題ではありません。

そもそも今の病院の「分科スタイル」自体が病院の権力構造に左右されていて、患者が気づかずにそれに付き合わされている、といったらあなたはどう感じるでしょうか。

大病院では、消化器科、泌尿器科、内分泌科などと細かく専門の科に分かれていて、それぞれ専門医がいます。これは悪いことではありません。専門医ならではの深い知識と経験を持つことは、医療技術の向上のためには大切なことだといえます。

でも、患者視点に立ってみたら、どうでしょう。悪いところがはっきりしてから専門医にかかるのであればいいでしょう。でも、まだ何の病気か、どのような状態かわからない時期の患者にとっては不利益なことが多いと私は考えます。

たとえば、私は糖尿病の専門医で、大病院時代には糖尿病科という科に所属していました。そこで診ていた患者が治療の途中で肺炎にかかったら、呼吸器科にまわされるのです。血圧が高くなったら、循環器科。お腹が痛くなったら、消化器科にまわされる。

肺炎の治療――抗生物質を出したり、血圧の薬やお腹の薬を出すくらいなら、糖尿病の専門医である私でも十分に対応できます。実際、当クリニックでは当然、いろいろな状態の患者を診ています。それなのに、大病院ではそれができません。5分でできることに何時間もくり返し並ばなければいけないことまであります。患者からすれば理不尽極まりないと感じることでしょう。それもこれも**病院の縄張り意識の強さ**ゆえなのです。

いろいろな科にまわされるのは、患者の負担にもなるし、何よりその患者の身体をよく知っている医師に治療を受けられないのは、患者の利益にも反します。**一人の患者に10人もの医師がついていて、それぞれが別の情報を持っているケースもあります**。明らかに患者のためになっていません。にもかかわらず、大病院というのは自分たちの組織を守ることを優先させるのです。

大病院であれば、仕方がないことなのかもしれません。問題は、専門の科に分かれて治療をすることが当然であるという、大病院の常識から抜け出せないまま開業してしまう医師がほとんどという事実です。

その開業時にも、大学病院時代の専門における教授らの影響が大いに左右してくることはすでにお話しした通りです。だからなおのこと、常識から抜け出すことは困難です。

私が子どもだった頃は、夜中でもドンドン！　とドアを叩いて町医者をたたき起こして診てもらうということがありました。**そこでは、患者の全身を診てくれた**。糖尿病だからここ、熱が出たらあっちに行ってね、などということはなく、家族のかかりつけ医として、安心できる存在として町医者が機能していたのです。

それが、今は何でも専門、専門です。

人間はパーツごとに分かれてできているのではありません。胃が悪いのも、腎臓が悪いのも、そこだけを診ればいいのではなく、全身が関係してくるのです。「専門化」は患者を一人の人間として見ていない証拠です。

開業医であれば、患者の全身を診られるようでありたい。もちろん、難しい病気であれば、専門の病院に行ってもらいますが、その判断も含めて、患者を「病気」として診るのではなく、一人の人間として扱う気概が、今の医療には大きく欠けていると思います。

「診察すらしない上司」がくだす教科書通りの治療

大病院にかかる患者というのは、基本的に優等生です。お金や時間にゆとりがあり、日々の生活に困っていない人たちです。

大病院は家のすぐ近くにあるというわけではなく、待ち時間も長いですから、診てもらうのは一日がかりの大仕事。それでもめげずに通ってくる人たちというのは、医師としてはある意味、非常にやりやすいのです。

医師がこうしろと言ったことには基本、逆らわない。標準治療（＝教科書的な治療）で納得してくれる。素直でものわかりがよいからです。

そんなところで長年、仕事をしていると、患者をコントロールすることが当たり前になってしまいます。患者側も疑問を持たない、大きな「落とし穴」です。

そもそも、医者の治療や方針がどのように決まっているか知っていますか？

本来、風邪一つとっても治療のアプローチというのはさまざまです。難しい病気になればなるほど、大きな病院に行くことになるわけですが、本来はアプローチの方法、選択肢も増えるはずです。患者側としても多くの情報を得られて、そのなかから治療法や治療方針を決められて然るべきでしょう。そのようにすべきとして、医者と患者の在り方やインフォームドコンセントについて是正が促されています。

しかしながら実際の医療現場では、そのような多様な治療が検討され、患者に最適な治療方針が選択される場面を見ることは極めて稀だと考えていいでしょう。なぜなら、大病院ほど昔から存在する「こういうときはこうしなさい」といった「教科書的な治療」によって決まってしまうからです。

病気というのは、厳密にいえば人によって千差万別です。同じ治療法、治療方針でも効果がある人もいれば、効果が出ない人、状態が悪化する人だっています。

「教科書的な治療」の何が悪いのかというと、患者を診ることもない上司から指示されるのが往々にしてこの「教科書的な治療」である、という事実です。大病院であればあるほど医者は自分だけの裁量で治療法や治療方針を決めることはできません。**それらは実際に患者を目の前にして診てもいない「上司」によって決定されています**。仮にその指示に逆らおうものなら、大学内で研究論文は認証されず出世競争から脱落してしまうという危険性がすぐ後ろに迫ってくることになります。

どのような仕事でも現場にいる人のほうが細かい情報を持っているものです。医療に関してはその情報がどれだけ重要かはいうまでもありません。しかし、現場にいない上司が判断するわけですから、おのずと大学で学生に教えるような「教科書通り」の治療法が推奨されることになるわけです。

教授や上司が自分の論文に都合がいいからと治療法を推奨してくるケースもあるでしょう。**どれだけ現場の医師が違和感を抱いたとしても、その治療法を改善しようとすればそれは上司に対する反発ですからその病院にいられなくなるかもしれません**。そうなれば治療どころではありません。「患者を上から説得」してコントロールしてしまおう、そう考えるのが当たり前になっているのです。

上下関係が厳しいがゆえに、上司の指示に逆らうことができないという事情も、患者のコントロールに拍車をかけています。

「たったひと言の安心感」が治療効果を増幅させる

一方、私が開業しているような街なかの病院には、大病院の患者とはまったく違う、一筋縄ではいかない人たちがたくさん来ます。教科書通りの治療をしようと思っても言うことを聞いてくれない人たちだらけです。

「お金がないから、そんな高い薬飲めないよ」
「夜勤があるから、生活リズムを整えるのは無理だね」
「俺はトラックを運転してるんだ。三度三度きちんと食事ができるわけじゃない、食べられるタイミングで夜中でも食べるって生活なんだから、食事療法なんてできないよ」

そんなふうに言われてしまうのです。

大病院の常識に染まった人なら、彼らを見放してしまうでしょう。患者の意見は聞き流し、とにかく自分の診断を教科書通りに、機械的に伝えていきます。それを患者が守ろうが守るまいがそれは本人の「自己責任」です。そうするのが「責任をとらなくていい治療」だからです。もちろん、患者側から離れてしまうこともあるでしょう。

でも、**そういう人こそが世の中の多数派なのだと思います**。私たち医師は、彼らを救う方法を本気で考えないといけません。

いま思えばごく当たり前のことだったのですが、それが「患者視点」の第一歩と気づいたのです。幼い頃や大学受験に必死になっていた頃は、確かにその気持ちはあったはずなのに、大学病院に入った当時の私はすっかりそれを忘れていました。

いま、大病院的な考え方がすっかり抜けた私は、患者視点に立った治療を心がけています。では具体的にどういう治療なのか、僭越ながら私の事例で説明いたします。

私は糖尿病の専門医なので、患者の多くは糖尿病に苦しむ人たちです。

糖尿病は身体のなかのインスリンが不足して、血糖値が上がってしまう病気です。糖尿病の進行や型にもよりますが、身体の外から注射でインスリンを補給する治療を行うのが一般的です。

食事のたびに自己注射するのは非常に面倒なのですが、一度始めたらやめるわけにはいきません。それなのに、やめたいと言う人がいる。自分の生活スタイルに合わない、お金がかかる……理由はさまざまです。

たいていの医師は、「やめたらダメだ、死んでしまうよ」と脅すでしょう。かつての私も、患者を説得し、インスリン注射だけは継続したと思います。**でも、今の私は、患者の希望を否定しません。**

きちんと検査をしたうえで「これだけインスリンが身体に残っているから、一度、やめてみましょうか」と言います。患者は「本当ですか!」と喜びます。**そして、実際、やめてみると、インスリン注射をしていたときより数値がよくなってしまう場合があるのです。**身体のメカニズムというのは不思議なもので、メンタルが非常に大きく影響します。話を聞いてもらえた、**医師に大丈夫と言ってもらえた。そのたったひと言、その安心感が身体に大きく作用し、身体の具合までよくなってしまうことが当たり前にあるのです。**

どのサービス業でもそうでしょうが、相手のために考えて対応し、満足してもらえることで、その人の人生にいい影響を与えることができるのです。

日本一のコミュニケーション欠乏族

これまで医療の闇の根底にある次の現状についてお話ししてきました。

①教授の力が強すぎる＝**教授に従う**
②技術が専門分野で分かれている＝**専門分野に従う**
③患者に対して医師が極端に権威化している＝**論文に従う**

そしてこれらの闇をうまく維持し、機能させるシステムこそ「教科書通り」に、というスタイルです。本当に権力を維持する構造というのは、うまくできているなと思います。

このような世間一般の常識とはかけ離れた医療業界の常識がまかり通ってきたのは、なにもみんな権力を求めているからばかりではないでしょう。**理由の一つに、医師自身**

が世間知らずであることがあげられると思います。そもそも医師というものは、人とのコミュニケーションが苦手な人が多いのです。

私自身、今でこそコミュニケーションを頑張っていますが、若いころは人付き合いが得意ではありませんでした。

コミュニケーション力は、もともとの資質もありますが、その大部分は育っていく過程で育まれるものだと思います。偏見かもしれませんが、医師の多くは、子どもの頃から勉強を頑張り、友達と遊ぶ経験も少なかったような人たちです。コミュニケーション力を育んでこなかったのです。

医学部というのは競争率も高く、誰かが落ちてくれなければ、自分は受からないのです。学生時代、仲よく受験勉強をしているように見えても、心のなかではいかに自分が人より抜きん出るかを意識していた。極端な言い方をすれば、人を蹴落とす人生を歩んできたわけです。

そういった環境のなかでずっと過ごしてきたことで、人とコミュニケーションをとるよりも自分第一の姿勢が身についてしまっているのが多くの医師たちなのです。

そして、医師になればなったで、エリートとしてもてはやされます。大変な競争をくぐり抜けて医師になった身としては、こんなに優秀な自分はチヤホヤされて当然という気持ちになってきます。

人として優れているわけではなくても、その立場ゆえに、製薬会社の人や業者の人が「先生、先生」と言ってあがめてくれます。実力が伴っていなくても、医師という資格があるだけで、どんどんお山の大将になってしまうのです。「勘違い人間」が生まれてくる構図がここにあります。

私は、医師という存在は、日本一のコミュニケーション欠乏族だと思っています。

コミュニケーションが苦手なゆえに、自分が患者や職員からどう思われているかにも気づかない。じつは嫌われているのに、それもわからない。世間知らずにもほどがあるとは思いますが、ある意味、気の毒でもあります。

少し話題がそれますが、大病院で働いている看護師や薬剤師、医療技師など医療系の専門職の人は相当、プライドが高い。医療系の資格は医師同様、取得するのがかなり大変なうえ、大病院に勤務するのは難関です。

つまり、プライドの高い人たちが集まっているのが大病院なのです。切磋琢磨《せっさたくま》し合うといったら聞こえはいいのですが、ある意味、プライドのぶつかり合いによる闘争が日常で、心が休まる暇もありません。「人への思いやり」などと緩いことを言っていたら、やっていけないのが大病院の現実なのです。

問題は、この感覚のまま開業してしまうとどうなるか、ということです。それを思い知ったのが、冒頭での倒産危機事件です。

経歴や経験を重視していた私は、大病院での勤務経験がある看護師や事務職員を積極的に採用しようとしました。ですが、そんな人はまず、応募してこない。街なかのクリニックで働こうという人は、キャリアを積むことよりも「家の近くだから」「子育てしながら働くのによさそうだから」「夜勤がないのがいい」などの理由で応募してくる人たちが多いのです。

そういう人たちの気持ちもわからず、私は彼らの働きぶりに不満を持っていました。要は、大病院時代に一緒に仕事をしていた人たちを基準にし、そこに至らない部分については「医療従事者のプロとして、もっとしっかりやってほしい」と苦言を呈していたのです。

「なんでこんなこともできないの？」

毎日、そんな思いでいっぱいでした。

お恥ずかしいことですが、医師会などでよく文句を言っていました。「ひどいスタッフばかりで、どんどん辞めていくんだよ」「人件費が安くなるから、少しくらい辞めてもらっても構わない」。そんなことを陰で言う院長のために、頑張って働こうと思うスタッフなどいるわけありませんね。

もちろん彼らは、仕事をいい加減にしていたのではありません。でも、大病院で求められる滅私奉公的な働き方を望んではいなかった。

当然のことです。家庭や自分の私生活とのバランスを保ちながら、和気藹々《わきあいあい》と仕事がしたかったのです。それを私は、まったくわかっていませんでした。そのギャップがどんどん大きくなっていき、みんな辞めていくという事態に陥りました。私の考え方、コミュニケーション力のなさが招いたことなのだと、今ならわかります。

患者を人として扱うことの大切さ

これまで医療問題に通底する「闇」の原因についてお話ししてきました。

その問題というのは何もおどろおどろしい存在があるわけではなく、長年の権力システムによって構築された「教科書通り」というシステムにありました。

医師の大半はそのようなことは意識したことさえなく当たり前の「常識」として慣習に従って患者に日々対応していることでしょう。そしてこの「教科書通り」というものに従順であろうとする医師がどのような考えに陥っていくか、お気づきでしょうか。

ここで私が第1章の最後に掲げた方程式を思い出してほしいのです。

「医療＝技術＋ホスピタリティ」

これからの時代の医療は間違いなくこのように変化していきますが、「教科書通り」

に従順になるということは、「医療＝技術」だと盲信することでもあったのです。「技術」にばかり頼った病院で問題が相次いで起こるようになったり、「技術」だけで病院を選ぼうとした患者が結果的に症状が悪化したり医療トラブルに遭遇したりすることが増えているのも、これまでの背景をふまえて考えれば当然のことです。

そして今は、そのような患者と断絶した医療が効果をもたらす時代ではありません。

私は開業直後から倒産危機に直面しました。

そんななかで医療に染まれば染まるほど、危機のさなかではありましたが「これじゃない」という強い拒否感が心の奥底に溜まっていたようです。だからこそ、「医療＝技術」という誰もが間違いないだろうとこれまでは思い込んでいた常識に疑問符をつけることができ、技術だけを求める先の治療に効果が決してついてくるとは限らない、そんなケースを何度も目撃することとなりました。

そうして「医療＝技術＋ホスピタリティ」という方程式にたどりつくことができたのです。

すでに触れてきたように、病気に対する治療効果は「技術」だけではないことは、も

う明らかです。これまでの常識のように「治療=技術」という認識は医療側はもちろん、患者側も改めて捉え直す時代にきています。

であるならば、医療はそのプラスアルファの部分である「ホスピタリティ」の部分も考えて診療しないと、どんどん患者の状態を「取り返しがつかない状態」にしかねないのです。

その第一歩は、患者を人と扱うことから始まります。自分が患者だったら、どうですか。自分の命をこの先生に賭けてもいい、この先生は自分のためにいいことを全身全霊で考えてくれると思えるのは、人間同士としての信頼関係が築けてからではないでしょうか。

医療の闇をなくすのは不可能だと思っていたのですが、ちょっとしたきっかけから**「なくす」のではなく「おもてなしを加える」**というやり方で実現できることを知りました。「おもてなし」という言葉自体は一般的な言葉にもなりましたし、もちろん知ってはいましたが医療に活用できるなんて考えもしなかったし、知りもしなかったのです。

しかし十分に取り入れることができ、それこそが患者に対する医療問題の多くを解決する要素だったと気づいたことで、私のクリニックは倒産の危機を乗り越え、右肩上がりに業績を伸ばし、全国NO．1とも評価されるところにまでのぼりつめました。

次の第3章では、おもてなしへの気づきを得たきっかけと、ホスピタリティの意味についてお話ししたいと思います。

第3章

「おもてなし」を導入したら、全国NO.1の病院が生まれた

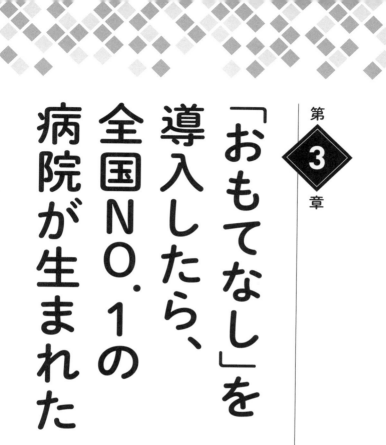

「ホスピタリティ」と「おもてなし」の違いに気づいた倒産危機

今でこそ「日本でいちばん大切にしたい会社大賞」を受賞し、「スーパードクター」（東京MX）に出演、「Newsweek」で「挑戦する革命者」として、また「The New York Times」では「次世代のリーダー」として紹介、さらに「The Wall Street Journal」でも紹介されたりするなど、医療業界だけでなくビジネス界や政財界でも紹介されることが増えました。

そのようななか、私自身もこれまで紹介してきた「医療の闇」とは無関係だったわけではなく、むしろその闇にとらわれ、患者のことも心からは考えられない、そんな医者でした。

でも、私の運がよかったのは、そんな自分自身に気づき、脱することができたことです。開業後まもなく倒産寸前の深刻な経営危機に陥ったことはすでに述べた通りですが、そこで藁《わら》にもすがる思いで他の病院へ見学に行き、なんとか状況を打開できないかと他業種のセミナーにも参加したことが功を奏したのです。

深刻な病気ほど、治療による効果は「技術」だけでは得られません。むしろたった50年前に比べても平均寿命が格段に伸び、社会も安定した現代では、**「技術」のみの医療によって効果を阻害するケースもあとを絶ちません。**技術と同様に「ホスピタリティ」がないと患者の精神性は安定しにくく、実際に「ホスピタリティ」という要素によって治療効果が大きな影響を受ける場面を何度も目撃してきました。

とはいえ、「技術」と並んで重要な要素である「ホスピタリティ」を、ちゃんと「医療」として定着させ、提供するにはどうしたらいいのか、当時の私はまったくその絵図が描けませんでした。

私自身の経験を振り返っても、必ずしも狙ってできることではないように思えたし、私が患者さんに接する時間は残念ながら多くはありません。だからすぐに何かができたわけでもなければ、経営危機もすぐには改善できませんでした。

あと一歩で何かが見えそうだと感じながらも手が届かないような感覚。でも、その答えは、今から思えばあっけないほど単純だったのです。

他業種では当たり前に用いられている「おもてなし」という言葉をそのまま医療に取り入れればよかったのです。

どういうことだろう？

そう思った方もいるかもしれません。「ホスピタリティ」と「おもてなし」では何が違うのかと。ホスピタリティを取り入れることと、「おもてなし」を実践することの違いはなんなのかと。

多くの人がその違いを認識しているわけではないと思いますし、私のイメージするものが正解とも限りませんが、私は次のように考えています。

●ホスピタリティ……相手に心からの大感動を与えること（大感動を与え心動かすこと）

●おもてなし……ユーザー第一の視点でサービスを構築すること

ホスピタリティは大感動を与えることであり、その大感動によって一生記憶に残るほど心を揺さぶることだと考えています。大感動を与えるためには「相手に要求される前にやる」ということが必須条件です。そしてその大感動は「おもてなし」を通して行われるものなので、ホスピタリティとは、まさに「大感動を与えるおもてなし」でもあるといえるでしょう。

医療の闇は長い歴史のなかでつくられ、ほとんどの医者が信奉しているのでそれに逆らうことはできないと当初の私は思っていました。しかし偶然の出会いから本気の「おもてなし」という考えに触れ、「おもてなし」を貫くことで、結果的に私が医療業界の闇の代名詞でもある「教科書通りの医療」を払拭することにつながったのです。

それは同時に、真に**「医療＝技術＋ホスピタリティ」**の形が誕生した瞬間でもあり、この先の10年で間違いなく主役になっていく「新しい医療」を初めて実現した瞬間でもあったのです。

そのきっかけをくださったのが、私の恩人でもある高橋滋氏との出会いだったのです。

レストラン「カシータ」にはなぜ「終了時間」がないのか？

開業間もない私のクリニックは雰囲気がどんどん悪くなり、次々とスタッフが辞めていき、クリニックの経営は悪化していきました。私は焦りました。このままでは倒産してしまう。それは、私自身も悔しいし、いま来てくれている患者さんにも申し訳ない。何とか改善点を見出し、クリニックをよくしていこうという思いから、私はさまざまなセミナーに参加することにしました。医者が経営者の「真似ごと」をしてセミナーなんて、という思いがなかったとはいえません。それでも、そんなことをいっている場合じゃない、背に腹は代えられない、という思いでした。

参加したセミナーのなかの一つに、「医経統合実践塾」というセミナーがありました。いいクリニックにするために、医療と経営の両立を院長とスタッフがともに学ぶためのセミナーです。あるとき番外編として、医療業界ではなくビジネス業界の人を呼んで話をしてもらうという形式の一日セミナーがあったので、参加してみました。**そこで出**

会ったのが、レストラン「カシータ」の高橋滋代表です。私にとっては、運命的な出会いとなりました。

高橋代表の話を聞いて、私は頭をドカンと叩かれたような衝撃を受けました。お客を思いやるおもてなしとはこういうことか！　と。

「お客」と「患者」は違うのかもしれませんが、「来ていただくことで商売が成り立つ」という点では同じです。感謝を持ち、大事にしていかないといけないのです。

高橋代表が示したおもてなしの概念は、それまで私が考えていたものとはずいぶん違いました。というより、**私には、そもそも患者をもてなそうという視点がまったくありませんでした**。患者を大事にしようと頭では思っていましたが、実際の行動には何ひとつ結びついていなかったと痛感したのです。

セミナーでは、「カシータ」では具体的にどんなおもてなしをしているかの話が中心となりました。

たとえば、カシータには、終了時間がないのです。コロナ禍以前の話ですが、ある日、どこかの病院の医師が3～4人のグループで、夜8時くらいにお店に来たそうです。ふつうなら、夜10時なり11時なりにオーダーストップをかけ、終了時間を伝えますよね。でも、カシータでは、そうしません。お客が「帰ります」と言うまで、お店を閉めない決まりがあるのです。

結局、その医師のグループは、翌朝の8時までいたそうです。全員のスタッフが残ったわけではありませんが、数人のシェフとホールスタッフが夜通し残って対応しました。

すごいのは、それが特別なことではないということです。彼らが店長の知り合いだとか、特別料金を払ってくれるとかでもないのです。お客が望めば望むだけ店を開けておく。しかも、誰もそれをいやがらない。おもてなしの精神が、高橋代表や店長だけではなく、スタッフの隅々にまで浸透しているのです。私は、非常に驚きました。

また、こんな話も聞きました。

ふつうのレストランはメニューが決まっていて、それ以外のものは出しません。**でも、「カシータ」は、お客が何を頼んでも断らないのだそうです。**つまり、イタリアンレストランであるけれども、お客が「ラーメンが食べたい」と言ったら出す。「うなぎが食べたい」と言ったら、それを出す。

「材料を買ってきますから、お時間だけくださいね」

こんなおもてなし、全国を探してもそうはないでしょう。

高橋代表の話を聞いて感動し、すぐさま「カシータ」に行ってみました。そうしたら、次から次へとスタッフが席まで挨拶をしに来てくれるのです。ふつうのレストランでも、店長やシェフが挨拶に来てくれることはあります。でも、「カシータ」では、シェフもホールスタッフもみんなが「楽しんでいますか?」と、コミュニケーションをとりに来てくれました。

しかも、誰一人としてやらされている感はなく、みんな楽しそうなのです。お店の雰囲気が実にいい。私はすぐに「カシータ」の大ファンになりました。

その後、何度も「カシータ」に通いました。行くたびに、毎回、感動がありました。たとえば、あるときは、シャンパンのラベルがうちのクリニックのロゴになっていました。またあるときは、自分たちの似顔絵をつくってボトルに貼ってありました。遊び心満載のおもてなしに、思わず笑みがこぼれました。本当のおもてなしは、される人だけでなくする人も幸せにするのだなあ。体験を通して実感したときにハッと気がついたのです。

「そうか！　患者だけではなく、一緒に働くスタッフ、そして職場のことも、ちゃんと大事に幸せであるように考えることがおもてなしを導入するということなのか！　それがホスピタリティを提供するということか！」

それは衝撃的な気づきでした。

医療業界に欠けているのは、このおもてなしの心だ、と。うちのクリニックの経営が傾きかけているのは、医療業界の常識にまみれて、おもてなしをもとにしたサービスの提供、スタッフへの気遣い、職場環境の改善などが実現できるなどと考えもしなかった、それが原因だと思い至ったのです。

クリニックの経営におもてなしを取り入れることが、今のこの苦しい状況から抜け出す突破口になるのではと思いました。しかし、私は受験勉強に明け暮れ、医学だけをかじってきた人間です。新しく会社を立ち上げた直後の経営者や新入社員の方々などと同じ「まったくの素人」です。

どうしたら喜んでもらえるだろうか？

一見シンプルで当たり前のようですが、これはビジネスに携わる方であれば誰もが悩む命題ではないでしょうか。一般的な方であればもしかしたら数日考えれば、何かアイデアが出てくるという人もいるのかもしれません。

しかし私には、具体的に何をどうすれば改善ができるのか、皆目見当がつきませんでした。それどころか、どんな努力をすればその答えにたどり着けるのか、それすらもわからなかったのです。

講演1か月「前」のおもてなし

わからなくても思い立ったら即、行動するのが私の取り柄です。厚かましいことは承知のうえで高橋代表に、「ぜひうちのクリニックに講演に来てほしい！」とお願いに行きました。今から思えば迷惑千万な行為だったことと思いますが、なんのアポイントもとらずに、いきなり訪ねたのです。しかし、行動すれば実ることもあるもので、運よく高橋代表がいて、「それだけ熱い思いがあるなら」と、講演を引き受けてくれました。倒産のことがいつも頭にチラついて離れない私のなかに、一筋の光が見えた気がしました。

そして早速、驚かせてくれました。

講演の1か月ほど前のことです。**高橋代表は自分の身分を明かさず、ふらりとクリニックにやって来たのです。**

スタッフには、レストラン「カシータ」の高橋代表に講演をお願いしているとは伝えていました。でも、スタッフは高橋代表の顔を知りません。初診の患者のようなふるまいでクリニックに入って来たら、それが高橋代表だとは誰も気づきません。

スタッフは、ごく自然に患者として診察室に通しました。驚いたのは、私です。

「あれ！　高橋代表じゃないですか!!」

高橋代表の考えは、こうです。

講演をするなら、その会社やクリニックがどういうところかを知る必要がある。知らなければ、具体的なアドバイスができないからだ。とはいえ、正面から話を聞いても、上辺ではいくらでも取り繕《つくろ》える。本当の姿を知るには、アポイントなしで訪れて、素の状態を確認するしかない。

なるほど、と思いました。まさか講演当日ではなく、講演1か月前に「おもてなし」の第一歩を見せてくれるとは。いきなりの想像を超えた出来事に脳が揺さぶられるような感覚でした。まさに**「予期せぬおもてなしによる大感動」**です。そしてこのあとも私は、何度も脳が揺さぶられることになるのです。

腎臓病のおじいちゃんと髄膜炎

とはいえ、私がふつうに医学部に入り、順当な道を歩いてきた一般的な医者だったとしたら、ここまで高橋氏の言葉を素直に受け入れらなかったでしょう。理想論としてはわかっても、現実にそれを病院で実践できるかというと別の話です。

企業の営業担当だってどんなに「おもてなし」を心がけたとしても、最終的には「商品を売る」「契約を取る」というビジネスの側面を見せなければいけないため、理想論と現実をどう同居させるか悩むことと思います。

その最適なバランスはどこに存在するのでしょうか。

本来、医師になろうというのは、人助けをしたい、という思いがあるものです。もちろん社会的ステイタスやお金が儲かりそうだという理由で目指す人もいるでしょうが、そんな甘い気持ちでは、医師になるまでの大変な苦労をそう簡単には乗り越えられません。みんな根底には、「人のために」という崇高な思いが少しはあるはずなのです。

ただ、大学病院に入って権力構造のなかに巻き込まれたり、日々の業務に疲弊していくことで患者をコントロールしながら治療することにも慣れてしまい、いつしか「教科書通り」の治療を押し付けることが当たり前になり、余裕もなくなって疑問も持たなくなるのだと思います。

私がそれでも医療という古き巨大な体質に対して、「おもてなし」という新しいサービスの導入に全力で舵を切れたのは、**私が他の医者よりもいささか「命」に関わる実体験を幼少期からくり返してきたからでしょう。**変化するタイミングというのは、往々にして自分の根底にある体験と結びついているものであり、おもてなしをその人なりにビジネスに取り入れる際に、最大のヒントとなってくれるものだと思います。

では私の場合はどんな体験があったのか。気になる人もいるかもしれません。少しだけ、私の体験についてお話をさせていただきます。

私が医師を志したのは、小学生のときです。ど田舎の兼業農家で育ち、身内に医師や医療従事者は一人もいませんでした。そんな私がなぜ、医師になりたいと思ったのか。まず一つ、大きなきっかけになったのが、**おじいちゃんの存在**です。

父母は平日は勤めに出て、土日は田んぼや畑の手入れをして忙しく働いていました。そんな生活のなかで、子どもだった私の遊び相手をしてくれていたのがおじいちゃんでした。将棋や碁を教えてくれて、よく面倒をみてくれていました。私はおじいちゃんが大好きでした。

私が小学校中学年くらいのときでしたか、このおじいちゃんが腎臓病にかかり、人工透析を余儀なくされたのです。週3回、町の透析センターに通い、血液を入れ替える生活が始まったのです。

大変でしたが、それで元気になってくれるのならと思いました。**でも、残念ながら1年ほどでおじいちゃんは亡くなってしまうのです**。私のことを心から可愛がってくれたおじいちゃんがあっけなく死んでしまったということに、私は大きなショックを受けました。そして、自分が大事にしたい人を守るために医師になりたいと強く思いました。

もう一つのきっかけが、私自身の病気です。私はあまり身体が強くなく、子どもの頃、何度か大病を経験しました。

小学4年生のときには、**髄膜炎**にかかりました。髄膜炎とは風邪やインフルエンザなどの感染症から、脳や脊髄を覆っている髄膜に細菌やウイルスが入り、炎症を起こしてしまう病気です。

季節は秋。みんながお祭りでワイワイ騒いでいるなか、私は急に高熱が出て、近所の病院に行きました。「風邪だから寝ていれば治るよ」と言われたので、家で寝ていました。でも、何日たっても熱が下がりません。結局、39〜40度の熱が1週間も続いたのです。さすがにおかしいと思った両親が大病院に連れて行ってくれました。そうしたら「髄膜炎にかかっていて、かなり進行している」との診断。**「もし助かっても、後遺症は覚悟してください」**と。ただでさえ意識を失う寸前の私は、その言葉を聞いて頭が真っ白に。そのまま入院し、私は3日間ほど記憶がありません。

髄膜炎とは恐ろしい病気で、命を失うことも珍しくなく、たとえ治っても半身不随などの後遺症が残りやすいのです。でも私は、医師や看護師たちが必死に治療にあたってくれたおかげか、後遺症もなく快復しました。ありがたいことでした。何かに守られているような気がしました。そして、私も医師になって誰かを助けたいと再度、強く思うようになったのです。

医師の家系でもなく、兼業農家で実家にお金もない私が医師になるまでには、たくさんの苦労がありました。

どうやって医師になればいいのかすらわかりませんでしたが、とにかく必死で勉強しました。それでも学力が足りず、最初の大学受験では医学部を落ちてしまいました。両親には「どうしても医師になりたいので、どうか1年だけ援助してください」と頭を下げて、1年浪人。

私の出身は名古屋なのですが、名古屋にいたままだったら絶対に友達の誘惑に負けて遊んでしまう。そう考えて、友だちが一人もいない東京に出てきて、相撲で有名な両国国技館の前にある予備校に通いました。とにかく1年間勉強三昧にして頑張って、それでダメだったらあきらめようという覚悟だったのです。

それこそ寝る間も惜しんで勉強しました。そうして晴れて、名古屋市立大学の医学部に合格できました。

これで念願の医師になれる！

ようやく心が晴れやかになったスタートでした。

念願の医師になったのに、自殺を考えていたあの日

医学部での勉強は大変でしたが、夢に向かっているのですから頑張れました。6年間の学びを経て、医師国家試験にも受かり、「さあこれから！」というとき、ひどい皮膚病にかかってしまったのです。

私がかかったのは、「白斑《はくはん》」という病気です。皮膚にあるメラノサイトという色素細胞に異常が起こり、肌の色が部分的に白く抜けてしまうというものです。**三大難治疾患の一つ**で、なかなか治りません。昔から「しろなまず」などの呼び名で認識されており、見た目に大きく関係するため、歴史的に差別の対象となる病気でした。

発症率は1～2％で有名人では森光子さんやマイケル・ジャクソン氏がこの病気だったと言われています。

人によって症状の度合いはだいぶ違うのですが、私の場合はかなりの重症で、白斑は全身から顔にまで及び、人前に出られないくらいのひどい状態になってしまいました。若く、見た目がおおいに気になるお年ごろです。鏡を見るたびに落ち込みました。つねに人から「気持ち悪い」とか「かわいそう」と言われているような気がして、外に出るのも怖くなりました。

何よりつらかったのは、当時、結婚を意識してお付き合いをしていた女性から別れを告げられたことです。

今まで順風満帆であった自分の人生が総崩れしていく音が耳の奥で鳴り響いていました。

何とか皮膚病を治そうと、必死で自分の通っている大学病院で治療をしました。半年ほど通いましたが治らず、当時、その病気では最先端の治療をやっている藤田医科大学病院を紹介してもらい、そこに1年間ほど入院しました。その間、何度も手術をくり返しました。しかし、どうしても完治することはありませんでした。

入院先では、人に顔を見られるのがいやで個室に入らせてもらっていたので、誰とも話をせずにいたのも悪かったのだと思います。**精神的にまいっていた私の心はついに折れ、私は自分の命を絶とうと思いました。**大学病院でしたので、屋上に行って柵を乗り越えさえすれば、死ねると思いました。当時の私は、それほどに思い詰めていたのです。

しかし、そこで不思議なことが起こります。いま振り返っても、なんでそうなったのかわかりません。

何かが伝わったのか、たまたま見舞いに来てくれた親に**「絶対に変なことはするなよ」「親より先に死ぬなよ」**と言われたのです。

そこでハッと我に返りました。祖父の病気、自分の病気をきっかけに医師になろうとしたこと、生かされているという感謝の気持ちから人助けがしたいと思ったことを思い出しました。そして、今こうして難しい病気にかかっているということが、これからの私の医師としての仕事に役立つときがくるんじゃないかと、なぜか確信したのです。

自分の経験からも、病気というのは身体以上に心を病んでしまうものです。そのことは私自身がいちばん身に染みて感じたことです。

「白斑」はがんなどのように、決して死に至る病ではないかもしれません。それでも私は、医者という長年の夢がついに叶ったその直後に、その夢をまさに手中に収めたそのさなかに、すべてを投げ出し人生の幕を自ら閉じようとするほどに心を病み、治療もいっこうに進まなくなってしまったのです。

命を預かる「おもてなし」とは？

いまやどの業界でも、ホスピタリティ（感動を与えること）を重視するのは当たり前になっています。その視点が欠落したビジネスマンは決して成功しない時代です。なぜなら、時代はとっくの昔に「モノ消費」から「コト消費」に移っており、いまや「コト消費」すら古い。**「コト消費」から「トキ消費」「イミ消費」などとして、より内面的な、**

精神的な満足度を求めるように人は変化してきているからです。

ホスピタリティという考えがないと、経営者はもちろん、これからはどんな仕事をするにしても、若手であろうとベテランであろうと、営業担当であろうとクリエイティブな職人であろうと、必ず大きな壁にぶつかります。

でも、どんな仕事でも必ず感動を与えることはできるし、ホスピタリティを提供する仕事はできるということを私は断言したいと思います。あなた一人でも問題ありません。それを伝えたいと思ったことも、本書を著した理由の一つでもあります。

なぜ断言できるのか。

ひと言でいえば、「医療」でもおもてなしの実践ができたからです。同じ業界の人からは「奇跡」だと言われることさえありますが、医療でおもてなしを取り入れたサービスができるのならあなたにもできると考えていいと思います。

ホスピタリティが人を満足させ感動を生むことである以上、医療においてもいかに「内面的な心の動き」を扱うかということがテーマとなります。そしてそれがいちばん難しい業種こそ、医療だと私は思うのです。

理由は簡単です。**医療が「命」に関わるサービスだからです**。

もちろん職業に貴賤《きせん》や上下はありません。どれも平等に敬意を払うべきものであることは前提として、たとえば、レストランで「おもてなし」の意識がまったくなくサービスが粗悪なものだったとしても、お客さまは「態度が悪い」「飯がまずい」と思ってそのお店にはもう行かなくなるだけです。

ホスピタリティの代名詞でもある宿泊業界はどうでしょうか。心身を休めたり非日常を味わいたいはずの場所であるホテルや旅館で粗悪な対応をされれば、もちろん気分を害しますし、楽しいはずの旅行や仕事に「ケチ」がついたと思うかもしれません。でも、いってしまえばそれまでです。

しかし医療の場合、もし外科や内科で「心が大事」だからといって「教科書通り」でないことをして治療が失敗したら、それは即、患者さんの人生に直結します。お亡くなりになるケースももちろんあり得ます。そうなれば遺族に訴えられる事件にまで発展するかもしれませんし、全国ニュースになるかもしれません。

「患者のため」には医療は存在しづらく、自分たちの仕事を守るためにも「教科書通り」をただやり続けるという側面もあるのだと思います。だからこそ、最も相手の心に寄り添って「おもてなし」をするのが難しい領域、それが医療なのだと思います。

でも実際には、医療で「おもてなし」を実現することができ、たくさんの方から支持を得るまでになりました。だからこそ私は、自信を持ってどんな職種でも、誰であっても、一人であっても、「おもてなし」であなたの仕事に革命は起こせるのだとお伝えできるのです。

医療業界はいまだに時代遅れとなった「モノ消費」だけにとらわれている世界です。これだけ世の中の消費行動、そして求めるものが変化しているなかで「モノ＝技術」さえよければいいという最も古い原始的な考え方が抜けません。

しかし、実際には「ホスピタリティ」が治療効果の大きな一翼を担っていたわけですから、今後はいくら技術を極めようがホスピタリティが不足している医療は「粗悪」な医療を提供してしまう可能性がぬぐいきれません。

実際の治療効果の点からみても、「技術＋ホスピタリティ」こそ最高の効果を得られる医療として君臨し、技術のみの医療は決して最高の効果を得られないことが当たり前になっていくことでしょう。

患者は何に絶望するかというと、未来が見えないことに絶望します。心が荒《すさ》むと、治るものも治らなくなってしまいます。**だからこそ私たち医師は、身体以上に、心を大事にしなければいけないのです。**

一度は命を投げだそうとした私ですが、その経験があったからこそ「教科書通り」の医療に耐えられなくなりました。その経験がいま医療に「おもてなし」を取り入れていることの原点になっています。

「オーバー・ザ・カウンター」で境界線を飛び越えろ！

カシータの高橋代表はその後、講演のなかで、クリニックの素の姿をふまえて具体的なアドバイスをしてくださいました。いちばん印象に残ったのが、**「オーバー・ザ・カウンター」**という言葉です。

いったいどういう意味でしょうか。

皆さんもご経験があると思いますが、病院に行くとまず、受付のカウンターに保険証や診察券などを出しますね。そして、診察室に呼ばれるのを待つ。これが一般的なスタイルです。スタッフが受付の外に出てきて対応してくれるということは、ほとんどありません。

元気な人相手の商売でしたら、それでもいいのです。でも、病院は、病人が相手です。「具合が悪い、歩くのもつらいという人たちに、自力で受付まで来いと言い、自分たちはカウンターの奥ですまして待っているというのはおかしいのではないか」、と高橋代表は言いました。

「窓から駐車場を見れば、患者が車から降りるのが見えるはずです。なぜ駐車場に飛んで行って対応をしないのですか。カウンターを越えて、患者に対応しなさい。それがクリニックの『おもてなし』です。クリニックの仕事は、患者が敷地内に入ってきたときから始まっているのです」

事前にクリニックに来て、素の姿を見ているだけに説得力のある指摘です。恥ずかしながら、私にその視点はまったくありませんでした。まさに目からウロコが落ちる思いでした。

クリニックに対しての対応に関しては、次の2つの具体的なアドバイスがありました。

①クリニックのドアを開けて入ってきた患者に、どうして声をかけないのか。何度も来てくれているなら、名前を知っているわけです。「○○さん、今日はどうされましたか」と声をかけてください

②クリニックに来た患者の名前はわかっているわけで、その人が次に、薬局へ薬をもらいに行くのであれば、あらかじめ隣にある薬局に「○○さんという方が薬をもらいに行くと思うので、よろしくお願いします」と伝えることができるはずですよね

たしかに①や②を行うことで、患者との距離も近くなりますし、薬局としては、その患者が来たときに「いらっしゃいませ、○○さん」と名前で呼ぶことができます。だから、

患者にしてみれば、おおぜいの患者のなかの一人なのに、自分の名前を知ってくれているということで驚き、うれしくなり、大事にされていると感じるようになるのです。

それまでの私は、カウンターという名の境界線を自分で勝手に引いて、そこから先は関係ないと思い込んでいました。まさに「オーバー・ザ・カウンター」の気持ちでさまざまな常識を打ち破ろうと決意した出来事でした。

乗り気でないスタッフを「乗り気」にさせる方法

名前を呼ぶ。気にかける。シンプルですがこれらはコミュニケーションの基本です。そして同時に、おもてなしの真髄でもあります。

この感覚を医療業界に取り入れたら、ものすごいことが起こるんじゃないか。そう直感した私は、クリニックのスタッフとともに次は「カシータ」の研修を頼み込んで受けることにしました。この研修はとくに医療業界が対象ということではなく、ビジネス界のさまざまな人々が集まります。年10回ほどのコースです。

スタッフとともにおもてなしを学び、クリニックを盛り立てていこう。私自身は意欲に燃えていましたが、じつは当初、スタッフのほうの反応はいまひとつでした。

「おもてなし」の導入の重要性を説明しても、なかなか理解してもらえませんでした。とくに古株のスタッフは、眉間《みけん》に寄せた皺《しわ》が物語っているように、乗り気でないのが見てとれました。

でも、私はあきらめませんでした。

おもてなしの心をクリニック内に当たり前のように浸透させるために、高橋代表の講義をくり返し受けること、研修プログラムに参加すること、「カシータ」にスタッフと行き、実際に感動のおもてなしサービスを体験することを課しました。さらに、クリニックみんなのホスピタリティの意識を高めるため、各種セミナーに一緒に通うなどの奮闘を続けました。

そのうちに、少しずつクリニックに「患者を感動させよう」「心動かそう」というホスピタリティの意識が芽生えはじめ、実際に「おもてなし」のサービスとしてサービスのあり方を試行錯誤するようになったのです。

すべては全米第1位のメイヨー・クリニックに学びなさい

「患者と患者の家族が運命を受け入れる前に訪れる最後のよりどころ」

そう呼ばれ、世界中から患者が集まる有名な病院がアメリカにあります。そこでは、「おもてなし」を取り入れ、患者の不安な心にとことん寄り添い、全身全霊を尽くして患者の治療にあたってくれます。患者が大切にされているだけでなく、そこで働く人たちもやりがいに満ちあふれ、いきいきと仕事をしています。日々、感謝の言葉が飛び交い、待遇も優れているということです。

その病院の名は、メイヨー・クリニック。

メイヨー・クリニックは、アメリカを代表する医療機関です。

クリニックという名前がついていますが、日本でいうところのクリニック（診療所）

ではありません。イギリスから移民としてアメリカに渡ったウイリアム・メイヨー医師が、1864年に雪深い辺境の地・ミネソタ州のロチェスターに開いた小さな診療所が起源であり、それがクリニックと呼ばれている所以です。

USニューズ&ワールド・レポート誌の「全米の優れた病院ランキング」の2019年版では、トップの第1位。約30年にわたって、トップもしくはそれに次ぐ位置を維持している言わずと知れた世界的な病院です。

また、単なる医療機関としてだけではなく、事業体・経営体としても高く評価されています。経済誌・フォーチュンで発表されている「働きがいのある会社トップ100ランキング」の常連でもあります。

メイヨー・クリニックのいちばんの特徴は、患者のニーズを第一にしているところです。「メイヨーは統合的な医療活動、教育、研究を通じて、毎日、すべての患者に最善の治療を提供する」というミッションを掲げています。

メイヨー・クリニックは医師への給与システムでも、アメリカ国内の他の病院とは一線を画しています。アメリカでは通常、医師は診療した患者数に応じて給与が支払われます。しかし、メイヨー・クリニックでは、患者数にかかわらずそれぞれの医師の技量に応じて一定の給与が支払われるシステムになっています。そのため、医師は患者の回転率を気にすることなく、一人ひとりの患者に十分な時間をかけることができます。

アメリカは日本と比較して保険制度も異なり患者の目は厳しいですし、訴訟も厳しく、補償金額も大きいので日本以上に「ホスピタリティ」を柱にした医療を行うことには、さまざまなリスクがあることでしょう。そんななか、**おもてなしの医療サービスを追求したメイヨー・クリニックが「全米の優れた病院ランキング」でも確固たる地位を確立している事実は、世界的に見ても医療の世界で「医療＝技術＋ホスピタリティ」という考えが浸透しており、またその効果も実証されているという何よりの証拠です。**

私はつい10年前までは悪しき医療の習慣にとらわれた医者だったと思います。開業した病院では経営危機にも陥りました。でも、そのおかげで幸運にも自分が医者を目指した幼少期や、医学部生の頃に自殺を図ろうと考えたことが思い出され、患者の「心」に目を向けた診療を目指すことができました。

そうして結果的に、治療効果も高いと評判にしていただくほどの病院が愛知の片田舎に誕生しました。

●ホスピタリティ……相手に心からの大感動を与えること（大感動を与え心動かすこと）

●おもてなし……ユーザー第一の視点でサービスを構築すること

ホスピタリティのマインド。おもてなしの実践。

これを医療に取り入れ、突き詰めている病院は残念ながら日本にはほとんどありません。しかし、まったくないわけでもありません。

講演などでお話しさせていただいたり、メディアに取り上げていただいた機会を通して、実際に私の病院を視察に訪れる方も増えました。そして視察後、「おもてなし」をご自身の医療に取り入れている病院も着々と生まれています。

今後10年で、医療のあり方は大きく変わるでしょう。そういう病院を選択することが、自分自身の健康を選択することに直結する時代がもう目の前に訪れようとしているのです。

第4章

奇跡を連発する常識破りの「おもてなし」思考

いま医療業界に求められる3つの「おもてなし」

医療にはおもてなしが必要だ。そう気づいた私は、日本全国のあらゆる病院に見学に行ったり、本やＤＶＤ教材で勉強しました。そのなかでとくに印象に残ったのが、**亀田総合病院**です。

皆さんはこの病院をご存じでしょうか。おそらく知っているという人はまだまだ少ないのではないかと思います。東京大学医学部附属病院や慶應義塾大学病院などの大学病院はわかりやすく知名度も抜群です。しかし、総合病院といえど、地域の総合病院となると知名度は大きく落ちてしまいます。

この亀田総合病院は、千葉県鴨川市に居を構える病院で、近くには太平洋の海の景色が広がる、そんな自然のなかにある病院です。内科系、外科系はもちろんのこと、スポーツ医学科、がん治療やペインクリニックなどに携わる科など、じつに60以上もの科を備える病院となっています。

特筆すべきは、「Newsweek誌」が毎年発表する「よい病院の世界ランキング（World's Best Hospitals 2022）」で46位という評価を受けているのです。ちなみにこのランキングに掲載されている日本の病院で、亀田総合病院よりも順位の高い病院は、東京大学医学部附属病院（東京都文京区）、聖路加国際病院（東京都中央区）の2か所しかありません。

実際に評判を聞きつけて日本全国から、入院希望者が引きも切らないという大人気の病院です。この病院の取り組みは本当にすばらしく他の病院とは一線を画しています。

まず、待合室がホテルのように豪華で居心地がいい。でも、それはいわば想定内。ちょっとお金をかければ、誰でも簡単にまねができます。

この病院がすごいのは、霊安室が最上階にあることです。天国にいちばん近い場所。

ふつうの病院の霊安室は、地下や目立たない場所にあります。それが医療の常識、「教科書通り」のやり方です。亡くなった患者を霊柩車で見送るのを、できるだけ他の患者の目に触れさせないようにするためです。長いこと医師をやっていますが、私自身、それが当たり前だと思っていました。だから、かなり驚きました。

「最上階にあるくらいで何か意味があるのか？」

そう思った方もいるかもしれません。でも、患者やその身内の立場になれば、これほどありがたい配慮はないのです。ふつうの病院の、地下にある霊安室のような暗くて冷たい場所でお別れするより、よほど気持ちが救われます。

霊安室を他でもない「最上階」に造るには経費も通常以上にかかりますから、決して思いつきだけで簡単にできることではありません。これこそ究極の患者ファーストだと感心しました。**その他、亀田総合病院では入院中でもお酒が飲めるし（もちろん病気や治療に影響のない範囲ですが）、食事も好きなものが食べられるし、やりたければパーティだって開けるそうです**。患者が望むことなら、できるだけ何でも叶えてあげるというのが亀田総合病院のスタンスなのです。だからこの病院に入院したことのある人は、少なくとも一度は「大感動」を経験し、病気になったらまたここに入院したいと思うし、家族や大事な人にはぜひ紹介したいと思う。それで、日本全国から患者が集まってくるのです。

亀田総合病院のやっていることは、実にシンプルです。

別に特別なことをしているわけではない。**患者を「人間」として見ている**、たったそれだけなのです。まねをしようと思えば、いますぐできることばかり。

それなのに、亀田総合病院に人が集まってくるのは、他にそういう病院がなかなかないからなのです。

もうおわかりかと思いますが、亀田総合病院ではまさに「おもてなし」を取り入れた医療サービスを実践しています。これだけ大きな病院でもそれができるのだと、まざまざと見せつけられた思いでした。私もこの病院に続きたいと、刺激を受けています。

では、医療業界における「おもてなし」とは、具体的にはなんでしょうか。

サービス業であればわかりやすいでしょう。飲食店であれば「料理を楽しんでもらうための接客のあり方」でしょうし、航空会社のCAであれば「快適な空の旅を楽しんでもらうための接客のあり方」と言えると思います。ホテル業であれば「おもてなし」という言葉は日常的に使われています。

私は、「医療業界におけるおもてなし」とは、大きく3つのカテゴリーに分けられると思っています。

①患者対応におけるおもてなし
②治療におけるおもてなし
③職場としてのおもてなし

医療業界のおもてなしは、この「3点セット」に尽きます。**「セット」と表現するのは、どれか一つを行えばいいというわけではなく、医療業界においてはこのどれか一つでも欠けてしまえば患者に対しての「おもてなし」は成立しなくなるからです。**だから私はいま自分のクリニックで、この「医療における3つのおもてなし」に心血を注いでそれぞれに展開しています。

次からは、その内容について一つひとつご紹介していきましょう。

医療は「待合室」ではなく「駐車場」から始まっている

私のクリニックは、待合室の窓から駐車場が見えるように造られています。受付に立っていると、駐車場に患者の車が入ってくるのがわかるので、手が空いているスタッフは急いでドアの外に出て、患者を迎えます。

「こんにちは。今日はどうされましたか？」

患者のなかには高齢の方も、足を悪くされている方もいるので、必要に応じて手を貸して、待合室に迎え入れます。お元気そうであれば、ご自身で受付をしていただきますが、具合があまりよくなさそうなら先に診察券や保険証をお預かりして、スタッフが受付をすませます。その間、ゆっくり待合室のソファで休んでいてもらいます。

温泉旅館などに行くと、車で前に乗りつけたところからスタッフが出迎え、「ご予約の○○さまですね？」と確認し、場合によっては運転を代わって車を駐車場に駐めてくれ、荷物を持ってフロントまで案内してくれる――、そんな体験をしたことがある人もいると思います。ホテル業界では当たり前の「おもてなし」ですが、本来、医療業界でこそこれは必要ではないかと私は考えました。

高熱が出ているなかで病院に行ったり、骨折などで強い痛みのあるなかやっとの思いで病院までたどり着いた、という経験を過去にしたという人は多いと思います。そんな患者にとって**駐車場から受付までの100メートルは、気が遠くなるほど長くてつらく感じられるもの**です。だから、私はこの「おもてなし」を真っ先に取り入れ、クリニックで実践しているのです。

スタッフは患者に、「家族のように」と心がけて話し掛けます。しかし、たったこれだけのことがじつに難しい。

病院は「つねに人を待たせているのが当たり前」のところも多く、たくさんの人が来院します。そんな患者さんたちの情報を一人ずつ覚えるのは膨大な作業量であり、患者さんの診察時間中にそんなことはとてもできないと考える医療関係者が99%でしょう。ひどい「時間外労働」だと捉える医療関係者もいるかもしれません。

では実際に私たちスタッフがどのような話し掛けをしているかというと、初診の方でなければ、その患者の名前はもちろん、これまでの経緯や家族のことなどの情報が頭に入っているので、それぞれに応じた言葉掛けができるのです。

「お孫さんが小学校に入学されたんですよね。元気に通っていらっしゃいますか」
「そういえばお嬢さん、七五三ではなかったですか。お参りに行かれましたか」

治療には一切、関係のないことですが、こうしたちょっとした会話が患者の心を和ませます。

なぜ、「たかが会話」にここまでするのか？

それは、**人が自分に関心を持ってもらいたい生き物**だからです。スタッフの何気ない言葉が「自分のことを知っていてくれた、覚えていてくれた」という喜びとなり、この病院に来てよかった、また来ようという気持ちが生まれます。**そしてそれが、ただ「お**

もてなしを受けた」という事実だけではなく、実際の「治療結果」にも如実に現れるのです。もっと平たくいうならば、おもてなしを受けている人のほうが受けていない人よりも明らかに治療結果が良好になるのです。

これが冒頭で紹介した「医療における3つのおもてなし」の「①患者対応におけるおもてなし」の第一歩です。

本来、病院は病気を治すために行くところです。病気が治れば行く必要はありません。というより、行かなくてすむのなら行かないほうがいいに決まっています。**それなのに、うちのクリニックの患者は、よく来るのです。**糖尿病はいったんかかると長く付き合わざるを得ない病気ですから、長く通うのはある意味、当然なのですが、来る必要がない日にまでよく顔を出します。

そして、スタッフに「旅行に行ったから、お土産！」とか「たくさん野菜が取れたから、皆さんでどうぞ」などと言って渡してくれるのです。自宅で作った漬物を持ってきてくれる人もいます。クリニックの中に入らず、それこそ駐車場で渡して、ちょっとおしゃべりをして帰って行く方が、何人も何人も……。

意図したわけではありません。

しかし、自分で言うのもおこがましいのですが、このようなクリニック、他にあるでしょうか。私は他に知りません。たまたま「結果」がついてきただけではありますが、いつしか「地域の人に愛されているクリニック」として全国でもその名を知ってもらえる病院になりました。そのことは、患者を第一に考えた治療を目指し、効率を捨ててきた私にはとても誇らしいことです。

それほど、医療業界には患者を「生きた人間」として扱わない慣例が色濃くあり、「おもてなし」を導入すること自体が画期的だったということの裏返しでもあるのです。

コロナ禍で露見した外国人差別に猛反対！

コロナ禍というと、まず何を思い浮かべるでしょうか。緊急事態宣言、マスクの転売問題、ＧｏＴｏトラベルなど、コロナ禍で生じた「問題」に限定しただけでも、さまざまな問題が身近にあったのではないかと思います。

しかし、私にとって身近にあった「コロナ禍」の問題といえば、少々他の人とは異なります。**それは「外国人の医療」に関する問題です。**

新型コロナ感染症の感染拡大当初、半ば公然と外国人差別がありました。私のクリニックのある地域は田舎ですが、いくつか中小企業があり、そこでは多くの外国人を雇っています。そのため、田舎のわりには多くの外国人が住んでいます。

コロナウイルスの話題は2019年の冬頃から聞かれるようになり、2020年4月に緊急事態宣言が出されるまでになりました。これらのコロナ禍といわれる現象が始まってから、外国人と見れば感染を疑うような、いやな雰囲気ができていました。そんな状況下のあるとき、外国人の間でクラスター感染が起こってしまったのですが、どこの病院も彼らを受け入れてくれなかったそうです。電話をかけても「うちでは外国人は診られない」と断られてしまうと。おそらく全国のほとんどの病院が同じような対応だったことでしょう。

そんなときでも、私のクリニックは一人も差別することなく患者を受け入れました。というより積極的に診察しました。日本の企業で、日本のために働いてくれている人たちを無下にすることなどできないと思ったからです。

言葉が通じない患者に対しては受付で、**国旗と言語が書かれた対応表を見せて、その言語に合わせてAI通訳機である「ポケトーク」を使用する**などして、双方向の翻訳で治療をすることにしました。おかげで、外国人の患者にも安心して日本で医療を受けてもらえ、大きな医療ミスや伝わり間違いを限りなくゼロに近い確率で防ぐことができました。

私は日本人として当たり前のこの気持ちを医療従事者がしっかりと持ち合わせ、それを現場でちゃんと表現することも「①患者対応におけるおもてなし」だと思っています。

幸いにも当時、スタッフにはすでに私の考える「医療における3つのおもてなし」の思いは浸透していました。ですから、みんな「院長の思いはわかっています。一緒に頑張ります！」と言ってくれました。医療を通した地域貢献にもなっており、私も誇らしく思いました。スタッフの協力なしには成し得ないことですから、とてもありがたかったのを今も覚えています。

成功の秘訣は「一度に全員」ではなく「少人数」にあり

他業種でもスタッフの多い業種や、社員をたくさん抱える経営者の方はおそらく同じ悩みを抱えられたことがあるのではないかと思いますが、「思い」が100％伝わることも、伝えた通りに自分と100％同じように動けるスタッフもなかなかいません。医療で「おもてなし」を実現しようと思うと、いくら私ばかりが発信したところで限界があります。

また、言われたことをやるだけでは「真のおもてなし」ともいえません。ここが、「おもてなし」を経営に取り入れることの難しさといえるでしょう。私もまさにこの壁に悩んだひとりです。

今でこそ「おもてなし」思考は、クリニック全体に行き渡っていますが、私が学び始めた当初は、スタッフにはいまひとつピンときていなかったようです。

他の病院に視察に行くのも、私一人でやっていて、そこで見聞きした「すごいな」「いいことやっているな」ということを次の日に興奮気味にスタッフに伝えるのですが、現場を見ていないスタッフはどこかしらけている。そんな日々でした。

つまり、一人で学んでいるだけでは、クリニックを変えることはできなかったのです。これは「おもてなし」に限らず部下や後輩を指導するポジションにいる人であれば、一度は感じたことがある気持ちだと思います。

自分だけではスタッフの意識を変えられない。そう思った私は、やり方を変えることにしました。具体的に何をしたかというと、

●スタッフのなかで、自分の方向性に比較的近いスタッフをピックアップする

●そのスタッフを少人数ずつ連れて、見学や勉強会に行く

この二つだけです。**ポイントは「一度に全員ではなく少人数ずつ」連れて行くということ**。一緒に学び、どのようなクリニックをつくりたいか、できるだけ直接対話できる少人数で思いを共有していきました。

そうしたら、何が起こったか。

少しずつではありますが、スタッフのほうから、いろいろなアイデアを出してくれるようになったのです。

はじめは形から入ろうとこんなことをやってみました。

●待合室を少しでも快適な空間にするために、ドリンクサーバーを置く
●長い待ち時間、待合室に居つづけなくてもすむように呼び出し用のベルを導入する
●外に出て時間つぶしをする際の役に立つように、近くにある図書館、喫茶店などのマップを手作りする

そのうち、ハードの面だけではなく、ソフトの面でも工夫しようということになり、「患者をどうやったら感動させられるか」ということにスタッフ全員の関心が高まっていきました。

そして、ハロウィンの時期やクリスマスにはスタッフが仮装して出迎えたり、ちょっと派手なラベルのついたドリンクを手渡したりするなど、患者を喜ばせるためのサプライズに工夫を凝らすようになっていったのです。するとスタッフの表情がみるみる豊か

になり、いきいきとしはじめました。

患者をいい意味でびっくりさせたり、あっと言わせたりすることが、ちゃんと自分の仕事にも「やりがい」となって返ってくることを何度も体験していきました。一人が変わりはじめると、徐々にそれが他のスタッフにも伝播していきました。次にまた一人、その次には複数のスタッフが、というように……。

そうして、いつしか私が見ているわけでもないのにスタッフ同士で「おもてなし」の話をするようになり、どんどん「おもてなし」をすることが体感としてうれしくなっていったようでした。

それは精神的な部分の効果だけではなく、よく注意を払うようになったことで作業面でもミスが減り、スキルも向上していったのです。

そうやって、クリニック内の「医療における3つのおもてなし」の土台はどんどん醸成されていったのです。

なぜ、1日単位で薬剤の知識をアップデートできるのか？

「①患者対応におけるおもてなし」とは、**なにも「患者」だけに限定してやっているわけではありません。**

私のクリニックでは毎日、14時30分～15時を製薬メーカーの業者との面会時間にしています。薬や業界のいろいろな情報が得られる貴重な時間です。しかし、最近はオンラインでの取材やセミナー受講、入職希望者の面談などで忙しく、その面会時間を当日になって急に中止せざるを得ないことが多々ありました。

それでも皆さん、ぜひ院長に会って話がしたいと来てくれます。アポイント制ではなく、時間さえあれば、来てくれた人には必ず会うというのが私のスタイル。そのため当日になって急に来られる人も多いのです。その人たちは、面会時間が始まるまで駐車場の車のなかで、30分も1時間も待っています。

そんななか、「今日は院長は忙しいので、面会は中止になりました」と伝えなければならないスタッフはどれほど心苦しいことでしょうか。アポイントをとっているわけではないので仕方がないと、ふつうならただ「中止」を伝えるだけでおしまいにしているはずです。

ところが、当院のスタッフのおもてなし行動は違います。

スタッフは自主的に、駐車場で待っている人たちに当院オリジナルのラベルやメッセージがついたドリンクやお菓子を手渡し、「今日は申し訳ありませんでした」と懇切丁寧にお詫びをしているのです。相手のことを思いやった行動を私の知らないところでやってくれている、そのことに私自身、感動を覚えました。

私たちが「治療」という行為において関わる人は患者さんだけではありません。製薬会社の担当者も、もちろん治療に関わる大事な存在です。

スタッフの「おもてなし」のおかげか、クリニックには今も毎日いろんな方が長い待ち時間も苦にせず訪れてくれます。**それによって私は最新の薬剤の知識を1日単位でアップデートすることができています。**これをふつうのクリニックで医師がやろうと思っても、とてもできないでしょう。私だって一人で最新知識を身につけようと思ったらとてもじゃないですが、簡単にはできませんし、多くの時間を費やす必要があるでしょう。それだけで本来の医療業務がまわらなくなる可能性すらあります。

毎日のように担当者が訪れてくれるクリニックになったからこそ、つねに最新の薬剤情報を身につけたクリニックであり続けることが可能になりました。そして、患者にとって本当に役立つ薬だけを提案して、患者さんと相談しながら決めるという、全国でも類を見ないほど患者に寄り添った医療が実現できるという、「おもてなし医療」の好循環が生まれてきたのです。

つまり、「①患者対応におけるおもてなし」をすることによって「②治療におけるおもてなし」が実現できるようにクリニックが「進化」していったのです。

AIボイス筆談機でポジティブ医療に大変身！

患者のなかでも弱者と呼ばれる方々は、ちょっとしたことでも私たちの想像をはるかに超える困難を抱えていらっしゃることが往々にしてあります。

たとえば第1章で、耳が聞こえにくい高齢者や聴覚障碍者に対してわざわざ専門用語を使って早口に説明する医師が多いことを指摘しました。患者さんは本当に毎回毎回、どの病院に行ってもそのような不誠実な対応をされることに、心の奥底から傷ついているのを感じていました。つまり、治療に対する「期待値」がとても低いのです。

医療に期待していない状態では治療効果も上がりません。

そこで「②治療におけるおもてなし」として何ができるかを考えたところ、私たちのクリニックでは、そういった方たちにも安心して治療を受けてもらえるよう、**聴覚を補助する拡声器やAIボイス筆談機を使用することにしました**。

また、高齢者の方といえば、薬の名前を覚えていない患者が多いものです。とくに専門的な薬ほど、長く難しい名前がついていて、覚えるのもひと苦労でしょう。そのため、薬の話をする際に申し訳なさそうに、「ええっと……ほら、あの青色の薬」など色を用いた表現で薬の種類を伝えてくる患者は少なくありません。

そこで、一般的に多く出される薬や塗薬の色別の一覧表を作成し、あらかじめその一覧表を患者に見てもらい、この薬だと確認したうえで同じ薬を間違えずに出すようにしています。それによって、「わかりやすいわね！」と喜ばれることはもちろん、患者も自信を持って「あの青い薬！」と言えるようになり、治療にも前向きに取り組めるようになるのです。

色だけではありません。

薬を飲みたがらない子どものために、同じ系統の抗生物質でどんな味の抗生物質があるかを書いた説明用紙をお渡しして、**「味」で薬を選んでもらう**ようにしています。

一つひとつは小さなことです。でも、こうした配慮があるかないかで、患者は初めて来院した際に感動してくださり、目の前で心動くような瞬間を目撃することができます。

クリニックの居心地のよさは、前向きに大きく変わってくるはずです。

「30分の健康診断」と一式のスーツ

一つ印象的な患者のエピソードをご紹介させてください。

ある日、一人の女性がクリニックに健康診断にやって来ました。就職試験のために履歴書と健康診断書を本日中に送付する必要がある、期限が迫っているので急ぎでお願いしたいとのことでした。

健康診断は結果が出るまでに数時間はかかり、そこから書類を整えるとなると、当日中のお渡しは難しいのがふつうです。たとえば会社から健康診断を受けてこいと言われて行った場合、半日ほどかけて検査を受け、結果がわかるのは1か月後というのも珍しくありません。しかし彼女の場合、とても1か月は待てませんでした。1か月どころか数日ですら間に合わなかったのです。

もちろんそれは、早く健康診断を受けなかった彼女にも責任はあるわけですから「さすがに無理です」と伝えるのが当たり前でしょう。でも、彼女の切羽詰まった様子を見て、「できることがあるならなんとかしたい！」と、そう思ったのです。決断してからはそう時間はかかりませんでした。スタッフにもすぐに内容を共有して連携を確認、それぞれが一切のムダなく動いてくれたおかげで、**なんと30分という驚異的スピードで健康診断をすませ、書類も整えることができました。**

しかし、喜んでいただけるだろうと思いきや、その女性はまだ浮かない顔をしています。

「どうされましたか？」

たずねてみると、なんと「履歴書に写真を貼らなければならないことに、いま気がついた。スピード写真機で撮ろうと思うが、急いでいたので私服で来てしまった。いま着ている私服で証明写真を撮るわけにはいかないし、どうしよう」と言うのです。

ふつうの病院なら呆れられるかもしれません。しかし、そこはさすがうちのスタッフです。「そういうことならお任せください」と、近所にある自宅からスーツとワイシャツを持ってきて、それを彼女に試着してもらいました。彼女は写真館で写真を撮り、履歴書に貼って、健康診断書とともに無事、期限内に提出することができました。

これを医療というと、皆さんは首をかしげるかもしれません。しかし、私はこれも医療であり、治療の「延長線上」にあると思っています。つまり、これこそが私の考える**「②治療におけるおもてなし」**の姿でもあるのです。

もしかしたらここでこの女性が間に合わずに健康診断にネガティブな記憶を抱くようになってしまったとしたらいかがでしょうか。将来、健康診断に向かう足が遠のき、本来であれば防げた病気も見過ごして寿命を縮めることになっていたかもしれません。もちろん、そんな可能性はほとんどないかもしれない。でも、せめて医師である私だけでも、この「もし」を考えてあげることが、本当に患者に寄り添った治療だと思うのです。

スーツとワイシャツを貸すと言ったときの女性のほっとした顔を思い浮かべながら、それが院長の指示ではなく目の前の現場から判断してスタッフが自主的に行ったおもてなし行動だったことに胸が熱くなりました。その後、女性は無事、就職試験に受かったのでしょうか。よい結果が出ているといいのですが。

スタッフが涙する大感動サプライズ

クリニックがここまでやって来られたのは、間違いなくスタッフみんなのおかげです。自戒を込めて言うならば、スタッフへの感謝を忘れてしまっては、どんな経営者だろうとも「おもてなし」をしつづけることはできません。とくに医療は「命」「一生」に関わるその人にとって最も重要なサービス業の一つです。スタッフの「おもてなし」が少しでも損なわれれば、それこそ患者の身体や治療にどんな影響が出るかもわかりません。

技術的に満足のいく結果に至らない局面がある程度訪れることも医療に携わっている身としてはあります。しかし、本当に「おもてなし医療」を目指すならば、「人」が原因で治療の質が下がることだけは、経営者としても、一介の医師としても起こしてはならないでしょう。

だからこそ私は「医療における3つのおもてなし」の最後に、「③**職場としてのおも**

てなし」を掲げて、他の医療従事者の方々にも口うるさくその重要性をお伝えしているのです。

私がここまでやってこれたのはスタッフのおかげとお伝えしましたが、それは、そのスタッフを支えてくれている彼らの家族のおかげでもあります。私は常日頃からスタッフとその家族に感謝の思いを伝えるようにしています。

そして、スタッフにも自分の家族に感謝の気持ちを伝えるようにと言っています。

じつは2022年でわがクリニックは10周年を迎えました。

スタッフ全員を連れて日間賀島《ひまか》に小旅行に行くことになっています。そして、ただそこに遊びに行くだけではなく、一つのミッションとして、スタッフにはそれぞれの家族に手紙を書いてもらい、旅行のあとで渡そうよと話しているのです。「君たちが思い切り仕事ができているのは、支えてくれている家族のおかげなのだから、言葉にして『ありがとう』を伝えようよ」と。

新人の歓迎会では、サプライズも用意しています。

試用期間で入っていた新人の職員が晴れて正職員になるときなど、歓迎会を開くのですが、その新人の家族にこっそり電話をかけて「彼（彼女）に励ましのお手紙を書いてください」と頼むのです。

そして、当日（歓迎会自体がサプライズだったりします）。

「○○さんが正職員になりますから、お祝いしましょう！」

そう声をかけ、職場内でサプライズパーティ。その場で「○○さんのお母さんからこんなお手紙が届きましたよ」と、みんなの前で代読します。

その手紙にはたとえば次のようなことが書かれていたりします。

「○○は小さい頃から身体が弱くて、学校にもあまり通えなくて、苦労して大人になりました。いま、こんな職場に巡り合って、いい人たちと一緒に働けているようで本当にうれしいです」

読みながらこちらも泣けてきますし、当の新人も涙を堪《こら》えきれないといった様子でわんわん泣いてしまうことが珍しくありません。そんな姿を目の前にして、周囲の先輩スタッフも温かい涙をつい抑えきれなくなり、本当に素敵な空間ができ上がるのです。

そして私はといえば、こんなに大切な人のお子さんをお預かりしているんだ、もっともっとこれまで以上にスタッフを大切にしなければ、と改めて思わされることになります。

「感謝」「ありがとう」という言葉が職場に満ち満ちていることの根底には、「③職場におけるおもてなし」の徹底があるのです。

コロナ禍でも従業員を一人も退職させなかったわけ

「③職場のおもてなし」を充実させるためには、きれいごとだけで成り立つ世界ではもちろんありません。時には自分自身の身を削るような判断も必要になります。

スタッフがいてくれてこそのクリニックとはいえコロナ禍において患者が激減し、赤字経営に陥ったときには私も大きな決断を迫られました。スタッフを解雇するかどうかという問題です。結果的にはスタッフを一人も解雇しませんでした。**正職員はもちろん、パート・アルバイトの誰一人として、退職者は出しませんでした。**

クリニックの経営というのは、外からは儲かっているように見えるのかもしれませんが、実際はランニングコストでギリギリです。

とくに私のクリニックは、人件費が高く、かつ人材教育にもお金をかけています。研修を経験してもらうことも当たり前のように行います。ふつうの状態で収支はトントン。コロナ禍では、急患以外の患者の受診控えが進んだため、診療費が6割も下がりました。当然、院内や治療プロセスをすべて「コロナ禍対応」にするために設備投資も大幅に必要になります。その負担も素直に苦しいものでした。そうして、かつてない勢いで赤字がみるみる積み上がっていきました。

それでも私は、借金をしてでも耐え忍びました。まったく動揺しなかったかと問われれば否定はできませんが、「迷い」がなかったことに関しては、自信をもっていえます。うわさでは、スタッフの首を切った病院も多かったようです。

でも、大変なときこそ、スタッフとともに力を合わせて頑張らなければならないと私は思いました。何が正解かはわからなくても、とにかくスタッフと運命をともにしようと思いました。

さらに私は、コロナ禍のなかでも来てもらえるクリニックにしようと思い、設備を新設しました。クリニックの外にプレハブを建て、そこを感染者用の部屋にしたのです。安心してクリニックに来てもらうために必要だと考えました。大きな手間がかかりましたが、結果的に患者は増えました。

コロナ禍では、「かかりつけ医なのに熱があるから診てもらえない」といった本末転倒なことがたくさんあり、医療の信用は大きく崩壊しました。

すでに触れたように、コロナ禍以前でも、苦しい身体を引きずってなんとか病院まで行ったのに、診察時間をほんの少し過ぎているから診ることができないと診察を断られたり、どうしても具合が悪くて朝イチで行ったら「まだ診療時間ではないから」と外で待たされるといった話があとを絶ちません。

病気になって必死の思いで訪れたのに、病院側が自分で設けただけのたかが「規則」

のほうが大事だなんて、患者をバカにしているんじゃないかとさえ思います。診てもらえないなんて、おかしなことですよね。

最初のうちこそ受診控えで大幅赤字経営に陥った当院ですが、コロナでも検査をしてくれるし、発熱していても診てもらえるということで、時間がたつにつれ、それまでの患者だけではなく、他の病院に通院していた人たちもわざわざ時間をかけてまで多くの方がこちらに流れてきました。

そしてコロナ禍という、来院するだけでも周りの目を気にしたり、二次感染のリスクが気になってしまったりと、さまざまな緊張感からドッと疲れてしまう人が多いなかで、当院に来られた方は多くの方が安心して、また満足した表情で帰路につかれるのを見て、少なからず医療が果たす役割を実感したものです。

「心理ケア」と「おもてなし」はまったく違う

「医療＝技術」ではありません。

残念ながら医療という閉じた世界では、患者を下に見て「医療これすなわち技術」と解釈して「教科書通り」に治療することが「正義」とされてきました。それによって、「患者を患者として見ない医療」が当たり前になっていき、昔のような「身体全体を診てくれる町のお医者さん」のような存在は希少種となってしまいました。患者側の医療への不信感も大きくなり、そんな状態で効果的な医療などとても望めません。医療には技術だけではない、心理的な側面も含めた「治療」が必要なのです。

「医療＝技術＋ホスピタリティ」

これは間違いのない事実です。同時に、今後、ますます重要なテーマとなっていくでしょう。なぜなら、実際に「ホスピタリティ」を加えた治療のほうが、免疫力が上がり、治療効果も高いという結果があちこちで生まれているからです。

しかも、スタッフも働きがいをどんどん得てミスも減りスキルも向上する。ますます評判になるため、患者から選ばれる病院として経営も安泰です。まさに患者・スタッフ・経営者の「三方よし」の状態ですから、いいことしかありません。

ただし、間違えてはいけないのは、ホスピタリティやおもてなしというのは、決して「心理ケア」をするということではないことです。心理ケアはあくまで「療法」であり、「技術」の一つにすぎません。そうではなく「おもてなし」という自然と相手の心に作用する、まったく違う要素を取り込むということです。

だから私はそれを**「医療における3つのおもてなし」**として次のように本章冒頭で掲げました。

①患者対応におけるおもてなし
②治療におけるおもてなし
③職場としてのおもてなし

しかもこの3つのおもてなしは「教科書通り」を推奨する「医療問題の闇」をそれぞれちゃんと改善した先に生まれる内容にもなっていたのです。

第2章で指摘した3つの闇を思い出してみてください。それぞれは次のように「3つのおもてなし」と対応しているともいえます。

❶教授の力が強すぎる**（＝教授に従う）** ⇅ **③職場としてのおもてなし**

❷技術が専門分野で分かれている**（＝専門分野に従う）** ⇅ **②治療におけるおもてなし**

❸患者に対して医師が権威化している**（＝論文に従う）** ⇅ **①患者対応におけるおもてなし**

医療におもてなしの手法を導入することによって、自然と医療問題の闇を改善するようにできていたのです。

コロナ禍のなか遠方からでも来院された患者の顔を見るにつけ、それが間違いでなかったことを確信することができました。

職場のスタッフが成長し、おもてなしの意識を持つことで、コロナ禍でも私と運命をともにし、周りの病院とはまったく違う対応でも、嫌な顔ひとつ見せずに患者対応に徹してくれました。

そうしてコロナ禍にもかかわらず、他の病院よりも丁寧に患者対応に徹してくれる病院として患者が入口から安心して私のもとに来るようになり、治療においても「スタッフとともに効果的な治療をしてくれる病院」として評判がさらに広がっていったのです。

目の前の赤字に対処しようとするか、長い目で「患者第一」を考えて対処するか、何を大事にするかの選択を間違えれば、病院の明暗は大きく違っていたと思います。

「おもてなし」という意識は、他業種ではずいぶん当たり前のものとして浸透するようになりました。**今こそ、旧態依然とした医療界の「真っ黒に腐った部分」を手術して、医療に「おもてなし」の革命を起こさなければいけません。**ありがたいことに、私も他業種はもちろん、医療業界でも講演や研修などでお話しする機会をたくさんいただくようになったことで、共感する方も増えてきました。

もう革命の波は起こり始めています。医療が「おもてなし」に向かうことで初めて、全国の患者と質の高い病院・クリニックのマッチングも成立することでしょう。そして患者が安心して病院選びをし、効果の高い治療を受けられるようになるのです。

第5章

「一線を越える勇気」が患者を救う

本当に病気を治したい人が行くべき病院の選び方

病院の世話にならず人生を終えることができれば幸せなのですが、多くの人はそのようなわけにはいきません。長い人生において、何度かは病を得たり、けがをしたりして病院にかかることになるのがふつうです。誰にとっても病院は、必ず必要な存在なのです。

ちょっとした風邪のつもりで病院に行ってみたら、そこで大きな病気が見つかることもあります。最初の受診が明暗を分けることもあるわけです。**自分の健康や命を守るために、病院選びは患者にとって最重要な課題です。**

にもかかわらず、安易に病院を選ぶ人が多すぎると感じています。「家から近いから」「名が知られているから」「人にすすめられたから」。自分の命がかかっているというのに、そんな単純な理由で選んでしまってよいのでしょうか。

いいはずがありません。

では、どんな理由で選べばよいのか。**それは、ひと言で言うと「ホスピタリティ」思考があるかどうかです**。具体的な「おもてなし」については、これまでの章でさまざまな側面からご紹介してきました。一人の人間として患者に対応する。身体の病気を治すだけでなく、患者の人生が幸せであるように考えて治療をする。そのために①物理的環境（クリニック内の居心地のよさ）、②治療環境（患者中心治療）、③人的環境（スタッフ）を充実させる。それが「おもてなし」思考です。

もちろん、一定以上の技術や設備があることが前提ですが、どんな技術も設備も「おもてなし」思考がなければ、患者のために生かされないからです。逆に言えば、「おもてなし」思考がある病院ならば、患者第一の視点から、技術も磨きますし、設備も充実させていきます。

「おもてなし」思考のある病院は、どのように選べばよいのか。気になるところではないでしょうか。そこで私が導き出した、「よい病院の見極め方」を本章ではお伝えします。

今はまだ実践している病院は多くなく、近隣では見つけにくいかもしれませんが、今後の病院選びの参考になるはずです。

大きく分けると見るべきポイントは「①リアル現場」と「②ネット情報」、この二つに尽きます。「①リアル現場」というのは、実際の病院の様子や診療に関連した注目ポイントです。「②ネット情報」というのは、おもにその病院のサイトや院長のブログなどの情報から導かれる注目ポイントとなります。

医師だからこそわかる病院選びのポイントがたくさんありますので、「生涯の病院選び」の参考にしてほしいと思います。

【①リアル現場で見極める】

★★★ 誰もがやりたがらないことに積極的に取り組んでいる ★★★

たとえば、新型コロナ感染症が蔓延しているなかで、発熱外来を積極的にやっているところは、世の中をよくしよう、何かできることはないかと使命感に駆られてやっている場合が多いので、よい病院を選ぶときの一つの選択基準になると思います。

外国人を積極的に受け入れている病院も意識が高いと思います。

いずれも、大変だからやりたくないという病院ばかりです。スタッフが疲弊するのも目に見えています。しかし、損得ではなく、世の中で困っている人を何とか助けたいと考えている病院は、目の前で困っている患者のことも真摯《しんし》に考えてくれる病院なので一定の信頼が置けます。

★★★ アンケートボックスが設置されている ★★★

アンケート結果や要望についての改善策を院内に提示していれば、それは信頼に値する病院です。患者からの批判を真摯に受け止め、感謝の気持ちを持って改善策を提案・実行できる組織は患者にも優しく、かつ困ったときに真剣に考えてくれる病院である可能性が高いからです。

★★★ 保険診療や自由診療の検査や治療の値段が公開されている ★★★

治療の選択肢を提供してもらえる病院かどうかは患者にとって重要です。ビジネス業界と異なり、病院で診療や検査の値段を公開しているところは少ないものです。**サイトなどで値段を公開しているところは、いたずらに儲け主義に走っていない病院ですし、**

患者の財布まで心配してくれるよい病院だと思います。

なかには公開されている値段が高いと感じるところもあるかもしれませんが、それだけの理由があってちゃんと公開しているところがほとんどだと思っていいでしょう。

また、たとえば抗インフルエンザ薬には5種類の治療があるのに、病院に行ってインフルエンザだと診断されたとき、**医師が勝手に薬を決めて処方しているところは患者に真剣に寄り添っていないところだと私は思います。** 抗インフルエンザ薬は、内服薬、吸入薬、点滴と種類があるわけで、熱が高くてつらければ値段が高くても点滴をしてほしいという患者もいます。逆に安い薬のほうがいいという患者もいます。選択肢を示し、値段も説明したうえでなければ、患者は選ぶことができません。患者の意思を無視してよい医療ができるとは思えません。治療の選択肢を与えてくれる病院はよい病院です。

★★★ セカンドオピニオンを堂々と受け入れる ★★★

セカンドオピニオンを許さない病院はもってのほかですが、いやみを言ったり、不愉快な態度をとったりする病院は多いものです。紹介状を書いてくれないところもあると聞きます。**快く受け入れてくれる病院はホスピタリティ意識のあるよい病院だと思います。**

医師にとって自分の病院での治療が最高レベルだ、これが正しいのだ、と思いたい気持ちはわかりますが、自信があるのなら、患者が納得できるようにセカンドオピニオンを受け入れてほしいというのが率直な気持ちです。

医療には絶対ということはありません。大病院で見放された末期がん患者でも、当院の免疫治療や遺伝子治療で奇跡的に延命した方、治ってしまった方もいるのです。

本当に患者視点で考えるのであれば、ありとあらゆる治療法を試す機会をつくることも大切だと思います。

★★★ 患者会、セミナーなどを開催している ★★★

病院では一般の人向けにときどきイベントを行っていたりするのをご存じでしょうか。

たとえば、ふだんの診療などの他に、**患者会やセミナーなどを開催しているのですが、**

そういった病院は意識が高いといえるのでおすすめです。

そういったものは準備や当日の進行にかなりの労力がかかります。たとえば、誰に講師を頼むのか、話してもらう内容はどのような内容にするのか、どのように告知をするのか、どのくらいの規模にするのか、ちょうどいい場所を確保できるのか、そもそも参加者はどのくらい集まりそうか、司会は誰が担当するのか、タイムスケジュールは誰が管理するのか、会計は誰が管理するのか……。

必要な作業をあげればキリがありません。これを通常業務をこなしながら行うことは、多くの病院にとってはとても実現不可能なものでしょう。**しかも、私の経験でいえば、それらの多くは無料で開催されることが多いものです。**つまり、地域の人の健康のため、患者の意識向上のため、利益を度外視して取り組んでいるのです。そういう病院はいい病院と考えていいと思います。

そういう病院はスタッフ教育にも力を入れているものです。

ただお金を稼ぐために働いている人と、成長・活躍を求めて働いている人とでは患者に寄り添う度合いが大きく違います。決まった就業時間だけ働いてあとは病院に関わらないという人と、病院をよくするために自分が成長するための時間をしっかりとって価値ある時間を過ごしているスタッフとでは、患者への接し方が変わってくるのです。

それをスタッフ個人の資質や努力に求めるのではなく、病院として支援していく体制がある病院がよい病院です。スタッフのマインド向上のためのセミナー参加や有名人を招いての院内講演会を開催している病院のスタッフは、自然と意識が高くなります。

また、スタッフのプロとしてのキャリアアップのために、スタッフの資格取得を金銭的、時間的に支援している病院も質が高いと思います。

★★★ 病院内の雰囲気がよい ★★★

私はこれまで全国のいろいろな病院を訪れる機会がありましたが、その経験のおかげか病院に入った瞬間に感じられる雰囲気で、よい病院かどうかはすぐにわかるようになりました。スタッフが無愛想で笑顔がない、口調が冷たいなど、いやな気持ちになる病院があります。なかには医師からスタッフへの怒号が飛び交っていたり、患者を叱りつける声が聞こえてきたりする病院もありますが、**そのような病院がどんなに最先端の治療を行っていたとしても、よい病院だとは思えません。**

たとえ患者によい顔をしていても、裏で医師とスタッフ、あるいはスタッフ間の人間関係がギクシャクしているところは問題です。ストレスがたまって、人に優しくできないのではないかと思います。優しさを持てない人たちによい医療ができるわけがありません。

★★★ スタッフの電話対応が丁寧である ★★★

患者が最初に病院の雰囲気に触れるのが、電話対応です。

初めて電話をしたときに「○○クリニックの○○です！」「はい！　承知いたしました！」と、明るく聞き取りやすい声で対応されるとかけた側は安心します。一方、暗く聞き取りにくい声でもそもそと対応されると、もうその場で電話を切ってしまいたくなります。

電話を終わらせるときに、あちらからガチャッと音を立てて受話器を置いたり、ろくな挨拶もないままプツンと切ったり。いくら忙しいからといって、丁寧な対応ができない病院は総じて、病院を訪れてからも丁寧な対応は期待できないと思っていいでしょう。

ちなみに、このように失礼な電話対応をする病院は、一般企業などに比べて多いなと感じます。一般企業だと、新人研修などで電話対応のイロハを教わることも多いと思いますが、病院勤務の場合、そこから教えてもらえることは少ないことが影響しているのでしょう。もっとも、電話対応などは教わらなくても、先輩や同僚の対応を見て学んでいくものですから、**失礼な対応をする人が一人でもいるということは、おそらくその職場の全体の雰囲気がそうなのです。**電話対応一つで、その職場の余裕のなさが透けて見えます。

★★★ スタッフの受付対応がよい ★★★

通常の病院の受付スタッフは受付のカウンターのなかで、患者が診察券や保険証を出すまで待っています。しかし、ホスピタリティ精神のある病院は受付スタッフが、受付カウンターを超えて困っている患者、身体の不自由な患者に対応しています。**床に膝をついて対応していることもあります。**

診察室だけが病院ではありません。病院の敷地に入ってきたところから医療は始まっています。だからこそ、待合室だけでなく、それこそ駐車場から、困っている患者を見かければそこにスタッフが飛んで行くのがよい病院なのです。

★★★ スタッフ自身が大切にされているかどうかも大切な視点 ★★★

外部から見極めるのはとても難しいことなのですが、病院選びにおいて**「スタッフが大切にされているかどうか」**がやはり重要で欠かせませんので、お話をさせてください。

医療機関が冷たい理由の一つに、スタッフが大切にされていないことがあります。一生懸命に働いてくれているスタッフに対し、感謝や労《いたわ》りの言葉もない。悩んで苦しんでいる姿があるのに、助けようともしないばかりか、「代わりはいくらでもいる」と心ない言葉を浴びせてしまう。そんな医療機関をよく見聞きします。

そのような医療機関で働いていると、スタッフの心は荒んでしまいます。幸せな人は他の人にも優しくできますが、不幸な人は気持ちに余裕がなく、温かな態度で人に接することができません。スタッフがいつもキリキリしていて、患者につっけんどんに接する医療機関は、多くの場合、スタッフ自身が蔑《ないがし》ろにされているのです。

その場合、いくら医師が「患者を大切にしろ、おもてなしをしろ」と叫んでも、現場は変わりません。院長である医師権限で、言葉遣いやお辞儀の角度など「形」だけホスピタリティを整えようとしても、うまくいくはずがありません。

「感謝の連鎖」が途絶えてしまっているのです。


医師は患者から感謝されることこそあれ、上司や医療従事者から感謝されることが少ない職業です。とくに大病院時代、私もそれを実感しました。たくさんの患者を診て、夜間当直もこなして、後輩を指導して——そんな日々のなかでも、誰からも感謝の言葉はありませんでした。そのような文化に毒されて、私も看護師やスタッフなど周りの人に感謝する気持ちを忘れていました。

その感覚を引きずったまま開業した結果が、すでにお話しした倒産危機です。感謝さえできない経営者には当然の結果だったのでしょう。

自分の至らなさに気づいてからは、当院はスタッフを大切にする取り組み、スタッフを感動させる取り組みを積極的にたくさん行うようにしています。

●日常的に飛び交う「ありがとうカード」
●おたがいの長所をほめ合う「長所カード」
●喜ぶポイント、悲しむポイントを院長やスタッフが書いた「院長やスタッフの取説」
●院長やスタッフの役職以外の長所を大臣として任命する「大臣任命制度」
●誕生日にスタッフ全員でケーキと歌とメッセージでお祝いする「バースデイパーティ」
●スタッフが正社員になったり、資格を取ったり、出産するときなどに開催する「サプライズのお祝い」
●院長やスタッフがそれぞれ選ぶ「年間貢献度大賞表彰式」の開催
●スタッフが起こした「大感動エピソード集」の作成
●スタッフ同士でのクリスマスプレゼント交換会や、参加者に大感動を提供する忘年会

このように、何をどうすればスタッフに喜んでもらえるのか日々、工夫しては実践しているのです。おかげでスタッフも感動を得る場面がたくさんあり、心が満たされて、

そのプラスの連鎖から患者にもホスピタリティを実践してくれています。

先にも述べた通り、スタッフが大切にされているかどうかを外部から見分けることは困難です。**でも、スタッフの言動から判断することはできます。**当院の場合、患者からこのような言葉をいただいています。

「よく来てくれたね！　ありがとう！　と言って、スタッフの方が私を抱きしめてくれるんです」

「クリニックの敷地内に足を踏み入れたとたん、どこに隠しカメラがあるのかとびっくりするほど素早く飛んできてくれます」

「ここは病気を治しに行くだけでなくスタッフに会いに行くのが楽しみなところなんです！」

このような言葉をいただけるのも、スタッフが愛情あふれる対応をしてくれているからこそ。上辺だけではとてもできないことだと思います。仕事を通して「大感動」するという体験を経て、心の底から自分が大切にされていると実感し、職場や仕事を愛しているからこそ、できることに他ならないのです。

【②ネット情報で見極める】

★★★病院のビジョンが明確である★★★

開院するに至った志が明確であれば、そこはいい病院であることが多いといえます。

どんな思いで開業したか、どんな病院にしたいかが明確である病院は、よりよい医療を目指して日々研鑽している傾向が強いからです。

当院では、世界NO．1の医療界のアマゾンを目指し、「どんな人も見捨てない」「全身を診る」「ホスピタリティを大切にする」の3つを大切にしています。私自身の経験から生まれたビジョンです。これは、当院のホームページにも明確に書いてあります。

他病院でも、その病院が大切にしていることを知りたい場合、ホームページを見てみるとよいでしょう。私がいくつか見てみたところでは、ある病院では「信頼」「貢献」「幸福」をビジョンとして掲げていました。また、ある病院では、「患者本位」「医療を通じた豊かな食生活と健康の実現」を掲げていました。その病院の目指したい姿が何となくでも伝わってくるものです。

★★★ チーム医療がなされている ★★★

院長だけが張り切っていても、チームとしてまわっていなければよい病院とは言えません。病院内の雰囲気からも伝わってきますが、たとえばホームページなどで**医師とスタッフとの笑顔の集合写真**があったりすると、院長だけが前に出ているのではなくスタッフ全員が大事にされているのだなと感じとれます。

このようなことはビジネスの現場では当たり前のことなのですが、残念なことに医療業界ではスタッフを下に見る文化がいまだに強く残っているため、そんな当たり前のチームワークすらない病院がたくさんあるのです。ホームページの写真一枚からも、病院内の人間関係がわかるものです。

★★★ 他業種と交流している ★★★

一般的に開業医は孤独で、裸の大将になっていることが多いものです。経営者として成長するため、人のためになろうという医師はさまざまな経営塾に所属し、日本全国の医師と交流したり、異業種のトップレベルの人たちと交流しています。ホームページやブログから、**病院の休診日に医師が何をしているか**を見ることで、よい病院かどうか、ある程度、推測できると思います。

★★★ 実業界の他者から評価されている ★★★

当クリニックはスタッフが幸せややりがいを感じ、他者への貢献を喜びとする組織であることを評価していただき「日本でいちばん大切にしたい会社大賞」や「ホワイト企業大賞」といった医療業界とは別の団体等に認められる賞をいただきました。医療業界でこうした賞をいただくことは珍しいことだと思いますが、このように**ビジネス業界から注目され評価されている病院**も存在しています。それらは少なくとも、医療業界のしがらみの外にいる団体が評価をしているわけですから一定の信頼があります。

★★★ 福祉団体等に寄付をしている ★★★

障害者福祉事業や発達支援障害事業などに寄付をしたり協賛をしたりしているところは「ホスピタリティ思考」のレベルが高いといえます。世の中でいちばん困っている障害者や発達障害の子どもなどに手を差し伸べているというのは、意識が高い証拠だからです。

ちなみに当院では、自己免疫によって起こり若い世代に患者が多い1型糖尿病の「1型糖尿病ネットワーク」に寄付をし、障害者福祉事業、発達支援障害事業にも協賛しています。

★★★ 院長やスタッフが講師となって活動している ★★★

自分の病院だけをよくするのではなく、全国の医療従事者をよくするための活動をしているところは、病院全体のレベルが高いです。ホームページやブログなどに活動の詳細が出ているかもしれません。チェックしてみてください。

【③ダメなポイントを見極める】

最後に「ダメな病院」を見極めるポイントを紹介します。行ってはいけない病院を見極めるのも病院選びのコツの一つです。

★★★ 患者目線の治療の提案がある ★★★

アマゾンで検索すると、「名医ランキング」や「病院ランキング」などのタイトルがついた書籍やムック本がたくさん出ています。また、そのような特集を組んだ雑誌やインターネット上の記事もたくさんあります。いかにも信用のおける記事のように思いますが、騙されてはいけません。

じつは、これらの情報の多くは、お金さえ出せば載せてくれるところが多いのです。**つまり広告出稿という扱いです**。実際、私のもとにも何度も営業がありました。そのような宣伝をしなくても、十分に患者からの評価を得ているので、もちろんお断りしました。

本当によい病院は、本や雑誌などではなく、患者自身から評価されています。友人、知人からの情報がいちばんです。また、のちに述べますが、見方さえ気をつければ、ネットの口コミも参考になります。

★★★ 口コミに対する「返信内容」でダメ病院を見極めろ ★★★

ネットの口コミを見るのも、案外わかりやすい方法です。そういうと「いやいや、ネットの口コミなんてあてにならない！」と意外に思われるでしょうか。

ネットの口コミ数が多いところはやはりよい病院が多いといえます。よくも悪くも、何もない病院にわざわざ口コミが多数書かれることはありません。多少、悪い口コミがあったとしても、それだけ期待があったということです。病気が治らなかった場合、病院のせいではなくても悪く書く人はいます（悪い口コミばかりではダメですが）。

ただし、勘違いしてはいけないのが、コメント自体を重視するのが大事ではないということです。以前から口コミ評価をコントロールする飲食店やメーカーなどが問題になっていますが、それは医療業界でも行われるようになったのを感じます。ですから、口コミ自体はある程度コントロールできるということを忘れてはいけません。

ポイントは感想に対するその病院自身の「返信内容」です。

ひと言でいえば、よい口コミには感謝を示し、悪い口コミには謝罪や改善策を返している病院はよい病院だと思います。

口コミのいいところは「悪い病院」が確実にわかるということです。悪い口コミに攻撃的に反論している病院は、弱い患者に対してそのような態度をとる横柄な病院だと感じます。どの患者にも親切にできない病院だからそのような態度を平気でネット上でもとるのだと思います。

もう一点注意したいのは、よい口コミしか書かれていない病院です。これには作為的なものを感じます。悪い口コミをお金をかけて消している病院もあると聞きます。

医師も人間なので、10人が10人すべてを満足させることは不可能です。だからこそ、よい口コミが多数で一部に悪い口コミが入っているくらいのほうが、信憑性《しんぴょうせい》があるのでしょう。「悪い病院」に行かないことも健康にとっては重要ですからね。

リッチな生活を自慢していない

ＳＮＳなどでリッチな生活を自慢している医師がときどきいます。高級なホテルに泊まっている写真、高級レストランでの会食やワイン会に参加している写真、ゴルフをしている写真などをアップしている医師は、自分が他者から評価されたい感情を抑えきれずにＳＮＳでアップするわけですから、おのずと診察も患者ではなく「教科書」を重視したやり方をしている可能性が高いと考えられます。

融通がきかない

終了時間の１分でも過ぎると診察を断る、小児科という看板を掲げていないから子どもは絶対に診ようとしないなど、融通がきかない病院も患者視点に欠けています。
もちろん、ダラダラと無制限に診察を続ければよいというわけではないのですが。このあたりは絶妙なバランス感覚が求められるところなのかもしれません。

以上、病院選びをする場合には、病院の現場自体で見極めるポイントやホームページなどのサイトから見極められるポイント、また、ダメな病院を見分けるポイントなど細かくありますので、それらをうまく活用して信頼できる病院を見つけてほしいと思います。

技術に頼らない全身治療こそ、最高の治療法

医師になりたかった理由はこれまでにお話ししてきましたが、私が当院を立ち上げたのは、「全身を診る医師」になりたかったということが理由の一つにあります。大病院に勤務していた頃、細かく専門の科に分かれていることが患者のためになっていないと感じていました。

たとえば、私は糖尿病の専門科にいましたが、ずっと診ていた患者でも、その人が肺炎になったら呼吸器科に、胸が痛いと言ったら循環器科にまわさなければいけなかったのです。それぞれの科ごとに縄張り意識が強く、他の科の治療には口を出すことはでき

ません。**その患者の身体のことをよく知っているのは私なのに、それぞれの科で行われている治療に意見を言えないのは苦しいことでした。**本当に患者のためになっているのかわからず、日々悶々《もんもん》としていました。

患者自身にとっても、それはとても面倒なことだと思います。いちいち予約をとらなければならないし、そのたびごとに病状を説明しなければならない。相性のよし悪しもあります。いろいろな医師と対面するのは、ただでさえ具合が悪い患者にとっては苦痛であるに違いありません。

そんなわけで、私はクリニックを立ち上げるにあたり、ビジョンの一つとして「全身を診る」ことを掲げました。当院は、糖尿病・内分泌・消化器内科の看板を掲げ、糖尿病治療を専門としていますが、それ以外の病気であっても必ず診ます。なぜなら、**私が相手にしているのは、その患者であって「病気」ではないからです。**

糖尿病でかかっている患者が風邪を引いたり、頭痛を訴えたりしたとき、「専門ではないので別の病院に行ってください」と言うのは、おかしいでしょう。専門家ではなくても、医師は一通りの分野を学んでいます。できる限り診て、出せる薬は出して、患者が健康を取り戻せるように尽力するのが医師の務めだと思っています。

確かに治療法は日々進化しています。多くの臨床試験の結果をもとに専門家が集まって検討を行い、最善と思われる治療法が生み出されます。しかし、それはあくまで「教科書」の治療の枠内を超えることはほとんどありません。それ以外の可能性を模索しないのは、患者にとって最善といえるでしょうか。病気の状態は千差万別です。それに合わせた治療を、たとえ標準治療から外れてしまっても探し求めることこそが、患者の利益に最もかなっていると思うのです。

数十万人のがん患者を救う非認可の丸山ワクチン

丸山ワクチンの話をさせてください。

丸山ワクチンとは、１９４４年に日本医科大学皮膚科教授だった丸山千里氏が開発した薬です。当初、皮膚結核の治療薬として開発されましたが、その後、末期がんの治療にも効果があるといわれるようになりました。実際、今日まで何十万もの人がこの薬によって命を救われているという事実があります。

ところがこの薬は、がんの治療薬として認可されていないのです。ですから、保険が効きません。きちんと認められた薬でないからという理由で、医師の多くは、この薬を使いません。使うことを嫌がります。そのため、丸山ワクチンを扱える病院は全国でも限られているのです。がんの治療を手がけている病院のうち、1割にも満たないのではないでしょうか。

その1割にも満たない病院の一つが、当院です。

丸山ワクチンを使いたいという患者にはこの薬を取り寄せ、注射しています。私自身、丸山ワクチンの効果を信じていますし、それ以前に、患者が望む治療をしてあげたいという思いがあるからです。**最新といわれる治療と違っていても、教科書通りの治療と違っていても、患者のためにあらゆる治療を試したい**。その思いが、丸山ワクチンの扱いに至っています。

他の医師がしていないことをやる。ある意味、治療の一線を超えていると思う人もいるかもしれません。しかしその一線を超えた先に救える命や治せる病気があるのなら迷うことはないじゃないですか。一線を越える勇気を持って治療にあたっていることを私は誇りに思っています。

医者が治せる病気は想像以上に少ない

じつは、医師が治せる病気などさほど多くないのです。末期がんの患者は、どんなに手を尽くしても1~2年で亡くなっていきます。医師である自分がいかに無力であるか、毎日のように思い知らされているのが現実です。いくら医学が進歩しようとも、人の死は避けられないものなのです。

医師がこんなことを言ってはいけないのかもしれないのですが、病気で亡くなるのは仕方ありません。そもそも人間は、いつかは死ぬのです。**大切なのは、どう死ぬかです。**患者の人生の最後に関わる者として、せめて「こんな先生に出会えてよかった」「こんなスタッフに出会えてよかった」と思いながら亡くなってもらいたい。最後の最後で、患者の人生の質を大きく上げるお手伝いができればありがたいと思っています。

ＱＯＬを上げるだけでは患者は救われない

ＱＯＬ(Quality of Life)という言葉が広く認識されるようになりました。クオリティ・オブ・ライフ。文字通り、人生の質という意味ですが、いま医療現場で大事だとされているその言葉と、私が日々実践している「おもてなし」を取り入れた医療サービスとは少し中身が違います。

人生の質を上げるという意味では同じです。では何が決定的に違うのでしょうか。

医療現場におけるＱＯＬは、患者の心理ケアの一つとしての位置づけられています。悩みがあれば聞きますよ、場合によってはカウンセリングにつなぎますよということで、**つまり、心理ケアという「治療」の一環なのです**。

治療の一環でありながら、治療と実際の心のケアが分断しているのも問題です。

たとえば、がんセンターなどでは、治療には一生懸命ですが、もう治らないとなると緩和ケア病棟やホスピスなどに患者を送ります。そこでは、たしかに心に寄り添ったケアが受けられます。でも、もう治療はしません。きつい言い方ですが、治らない患者は見放されてしまうのです。当院では、そのようなことはしません。先ほどお話しした丸山ワクチンの使用も含め、ありとあらゆる治療をしつつ、ホスピタリティも同時に実現していきます。同時並行でやっていくのがいいと思っているのです。そこに分断がないのです。

つまり、昨今言われているＱＯＬを上げようとするだけでは患者は救われないのです。いまや患者が求めているのは、医療現場における技術ではなく「ホスピタリティ」です。患者自身が「ホスピタリティ」という言葉を意識しているわけではないのでしょうが、しっかりと治療をしたうえで、人として扱ってほしい、人と人としての信頼関係を築いたうえで自分の命を預けたい、安心して治療を受けたいという、人としてごく当たり前の願いがそこにはあります。

その声がどんどん大きくなっています。ホスピタリティがない病院で次々に不祥事や問題が明るみに出ているのは、患者が「技術」だけを盲信するやり方では自分の身体がよくなるとは限らず、むしろ悪化することを体感として知っているからでしょう。

これまでの「医者―患者」の関係も変わってきつつあるのも当然です。患者はその関係次第では寿命を縮めたり、取り返しのつかない健康状態になったり、時には命を失うことさえあるわけです。患者の気持ちを尊重し、それに応えることが私たち医師の使命なのです。

医師の人格的地位が上がれば、医療は格段によくなる

私がこの本を書いたのは、医療業界全体に「ホスピタリティ」の心が広まってほしい、そう思ってのことでした。当院で診ることができる患者の数は限られています。私ひとりが頑張るだけでは、「医療業界の闇」に落ち込んで苦しむたくさんの患者をとても救うことができません。病気にかかった、それだけでも大変なのに、長時間の待ち時間を耐えたり、雑な扱いをされたりしながら、**二重三重の苦痛を味わう患者をこれ以上、増やしたくないのです。**

病気にかかったことはつらいけれども、「おもてなし」を取り入れた医療に触れることで人生の質が変わったと感じる人が一人でも増えてほしいのです。

この本をきっかけに、日本全国の医師や医療従事者の方々が「ホスピタリティ」思考を持つようになれば、医療業界は少しずつ変わっていくことでしょう。これまで医療業界では常識とされていた数々の非常識が、ちゃんと非常識なことなんだと認識されるようになっていきます。**そうなればおのずと医師の「人格的地位」も上がっていき、医師自体の人格（患者への接し方、医療への態度・考え方など）も評価される対象になってくるはずです**。そうなれば「医療＝技術＋ホスピタリティ」の新しい方程式に基づいた、より効果の高い治療を患者は受けられるようになるでしょう。

「ホスピタリティ」思考の浸透によって、病院が暗くて冷たい場所でなく、明るく楽しい場所になれば、患者も病院に行きたくなります。患者にとって病院が病気になってからだけでなく、ふだんから健康相談ができるような存在になれば、患者にとっても病院にとっても幸せなことではないでしょうか。

「暇だから病院に行こうかしら」

高齢化社会において、病院と縁を結びつつ生きていくことが当たり前になっているいま、こんな言葉が当たり前になれば、日本の医療も、日本社会や日本人も、今より幸せになることと信じてやみません。

キッシュプレート
PARIS

MARU

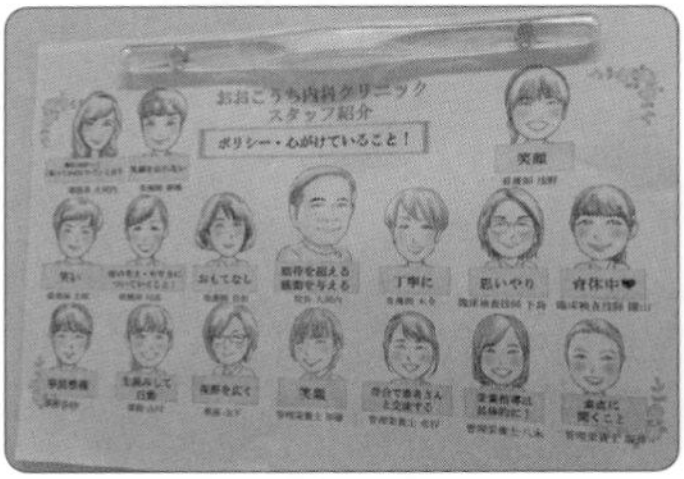

おおこうち内科クリニックで
行われるイベントや日々の業務、
院内の様子などの写真。

おわりに

最後までお読みいただき、本当にありがとうございます。本書を通じて、私が伝えられることはできる限り伝えました。

私は医師だからこそ、今の医療がどれほど患者から「健康になれたはずの機会」を奪っているかが手に取るようにわかります。そしてそれは、開業して失敗し、医療界のしがらみから抜け出せた私だからこそ語れるメッセージでもあります。

さまざまな環境に立たされ、人の何倍も挫折を味わい、病気になって死をも覚悟するほど心を病んで、患者の苦しい立場を体験してきました。その一方で、大学病院や総合病院、クリニックなどのさまざまな職場に身を置き、医療の表側も裏側もすべて見てきた、そんな私だからこそ伝えられることがあると思い、２つの大きなテーマで本書を執筆させていただきました。

①多くの方が、医療業界が隠してきた実情を知り、健康に役立つ知識を持って病院選びに失敗しないようになること
②これからの時代、どの業界でも求められるホスピタリティ思考に触れ、仕事に役立てる考え方や方法を学ぶこと

ここまで医療業界の闇を現場医師があからさまに示した本は今までにないため、正直、この本を世に出すべきかどうか大変躊躇《ちゅうちょ》しました。しかし、今の医療をもっとよくするために、そして日本中の患者が救われるために、誰かが声をあげなければ変わらないと感じたため、今回、勇気と覚悟をもって出版しました。

本書でお伝えした「医療」は、ふつうの医療業界がやっていることとまったく方向性が違うため、最初の頃は、同じ医療業界から多くのバッシングに遭いました。また、私たちが考えうる理想の病院にするために、時間外や休日にスタッフに研修セミナーを受けることを課したため、部外者からは「ブラック企業」だと揶揄《やゆ》されたりしました。

あるパートスタッフが当時泣きじゃくって私に訴えた言葉が今でも脳裏に焼きついて離れません。

「私は小さな子どもを育てながら働いています。休み中に何度も研修セミナーに参加することで、友達からは『なぜ子どもの大切な時期に一緒に時間をしっかり取ってあげないの？　子どもがかわいそうじゃない？　そんなブラックなクリニックは辞めたほうがいいんじゃない？』と言われるんです」

彼女は、休日まで研修セミナーに参加しつづけることに対して心の底から不安になると、私に疑問を投げかけてきました。そのとき私は、「あなたのこの頑張りが必ず報われるようにするから、家族も幸せになるようにするから、僕を信じてください」となんの根拠もないながらも彼女にはっきりと伝えました。

今では、そのスタッフは当院で欠かせない幹部リーダーになり、全国のクリニックから「おもてなし大臣」として、出張講演の依頼が殺到しています。そして何よりうれしいのは、彼女の娘さんが「いきいきと輝いているお母さんを見るのが大好き」と自慢げに応援をしてくれていることです。

先日、九州で行われた「医経統合実践塾九州版」でそのスタッフが大好きな作家の喜多川泰さんの講演会が開催されたのですが、娘さんを連れて参加したところ、娘さんも喜多川泰さんの大ファンになったそうです。そして、家族揃ってそれまででは考えられないような豊かで幸せな人生を歩んでいるようです。

その様子を見て、自分がやってきたことは決して間違っていなかったと思いました。

また、医療にホスピタリティを導入して患者が殺到し、スタッフが笑顔でいきいきと働き、やがて実業界からもさまざまな賞を受賞し認められるようになったことで、あれほどバッシングしていた医療業界が手のひらを返したように変わりました。

そして、当院に毎月のように全国から医療従事者がそのお手本を学びたいと見学に押し寄せるようになりました。スタッフ総出で作り上げられたホスピタリティのすばらしさは、院長の私でさえ言葉ではなかなか言い表せません。当院の実際のホスピタリティを体験すれば、言葉以上に真実が伝わります。

かつての私がレストラン「カシータ」のホスピタリティに目を奪われたように、もし当院に興味のある方がいれば、ぜひ心が震える大感動のホスピタリティを体験するために見学にお越しください。

さらに、医療にホスピタリティを導入していく過程は、どんなビジネスに携わる方にとっても、仕事のパフォーマンスを刷新する参考にしていただけると自負しています。私たちの病院は「奇跡が起きる病院」ともたびたび言われます。他の大病院で治らなかった末期がん患者が完治したり、なかなか治らなかった難病が快方に向かったりする事例があとを絶ちません。

つまり、医療にホスピタリティを導入することで、難病で困っていた患者やご家族の心が癒され、「笑顔」が戻るのです。だから、自然治癒力が上がり、快方に向かうのだと思います。

ビジネスにおいても、物を売るだけが決して仕事のすべてではありません。

ホスピタリティを同時に取り入れてお客さまに接することで、お客さまが心を震わせて感動し、ファンとして顧客層になるのです。他のお店ではなく、そのお店にしか行きたくなくなるのです。

お店が信頼されることで、「商品」ではなく「ホスピタリティ」で物が売れるのです。

そうなるために大事なことがあります。

それは、お客さまにホスピタリティを提供するためには、まずは身の周りのスタッフをこれでもかというくらい大切にし、日々感謝をし合う組織にすることです。そうすることでスタッフが最高に幸せになり、その結果としてお客さまに大感動のホスピタリティを提供できるようになります。

つまり、ビジネスに真のホスピタリティを導入することで、スタッフもお客さまも地域も、「三方よし」でみな幸せになる世界をつくることができるのです。

そのためには、リーダーのマインドチェンジもとても大切です。

クリニックが暗黒時代を迎えて挫折した、当時の私を知る方からは、信じられないくらいリーダーとして考え方が変わったと口々に言われます。誰もが絶望的だと言った倒産寸前のダメ経営者でさえ、世界が注目する海外版ＴＥＤに出演するまでになりました。自分自身の成長というものに終わりはありませんが、クリニックとして一定の「成功」はお見せできたのではないかと思います。

だから、仕事がうまくいかない、成果が出ないと悩んでいる人がもしいれば、この本のストーリーを通して、誰だってどんな状況からでも必ず成功に向かって進めるのだということをまずは感じてほしいと思います。そして少しでも、実際に一歩を踏み出しための、「背中を押す力」や「勇気」を提供できたとすれば、これほどうれしいことはありません。

最後に、本書を生み出すにあたり、いちばん感謝を伝えなければいけないのは、妻（事務長）や当院のスタッフやそのご家族であります。

不甲斐なかった院長にずっとついてきてくれただけでなく、事務長やスタッフたちで大感動のホスピタリティあふれる、すばらしいクリニックをつくってくれてありがとうございました。そして、当院のやり方を信じてくれて、スタッフを陰で支えてくれたスタッフのご家族にも大変感謝しております。

また、実業界から真のホスピタリティを学ばせていただいたレストラン「カシータ」代表の高橋滋様、本当にありがとうございました。

加えて、私たちのクリニックのことを十分に理解してくださり、多くの方に伝えるためにご尽力してくださったこはく社の綿谷翔さん、上條まゆみさん、フローラル出版の植田隼人さん、丸山宏治さん、津嶋栄さん、そして出版に携わってくださったスタッフの方々、本書を完成させていただき本当にありがとうございました。心から感謝を申し上げます。

本書が皆さまのこれからの人生や仕事に、何か一つでもお役に立てることができたならば幸いです。

2023年1月

大河内昌弘

数ある書籍の中から、この一冊の本を手に取っていただき、さらに最後までお読みいただけたことに心から感謝申し上げます。書籍の中で人の温かい心が伝わるホスピタリティという言葉を強調していますが、その真意がさらに伝わるように実際の動画映像をお届けします。こちらは、つい最近行われた10周年感謝祭の映像です。現在では私たちの組織はリーダーが一切指示を出さなくとも自分たちで考えて自走して動くスタッフたちばかりになっています。組織の誰一人としてやらされ感なく、自分たちがワクワクして楽しむのと同時に、来て下さる方たちをとことん喜ばせる、そんな様子が見て取れると思います。こんな組織が日本中に広がってくれたら素晴らしい世の中になると思います！　ぜひ、ご覧ください。

また、クリニックにご興味がある方は見学大歓迎です。皆さまと直にお会いできることを楽しみにしています！

動画 URL：https://youtu.be/GIYc1e1yQQY

動画
QR コード

［著者プロフィール］

大河内 昌弘　おおこうち・まさひろ

医療法人大河内会おおこうち内科クリニック院長。

1990 年、名古屋市立大学医学部を卒業。その後は、大学病院などで臨床医と研究医という両方の立場をともに務めるなど経験を積み、2012 年におおこうち内科クリニックを開業する。経営破綻寸前の倒産危機に陥るも、それまで信じて疑わなかった「医療業界のしきたり」から脱却。「ホスピタリティ」こそ医療に必要だと気づき、命を預かる仕事では不可能だろうといわれてきた医療業界に「おもてなし」を導入する。従来の医療と比べて治療効果も高い「大感動を与える医療」はたちまち話題になり、全国から患者が殺到し「病気がなくても行きたくなる病院」とまでいわれる。2020 年、「第 10 回日本でいちばん大切にしたい会社」大賞で実行委員会特別賞を受賞。2021 年には、天外伺朗氏らが企画委員会代表を務める第7回ホワイト企業大賞で「医療経営革新賞」を受賞し、2022 年には『日本でいちばん大切にしたい会社8』（坂本光司著、あさ出版）にて「稀有のサービスで年間4万5000人の患者が治療に来る大感動クリニック」として取り上げられる。2023 年、日本次世代企業普及機構が推進するホワイト企業アワードを「ダイバーシティ&インクルージョン部門」で受賞したほか、海外版「TED Talks」に日本人医師として初めて登壇。「Daikandou in Medicine and Life」のテーマで発表し、TED 公式ページから Youtube で世界中に公開されるなど、国内外のメディアに多数取り上げられている。

［おおこうち内科クリニック］

所在地：〒 495-0015 愛知県稲沢市祖父江町桜方上切 6-7
診療時間：9 時～ 12 時、16 時～ 19 時
休診日：水曜午後・土曜午後・日曜・祝日
電話：0587-97-8300
FAX：0587-97-8301
MAIL：okochi.masahiro@okochikai.com
HP：https://www.okochi-cl.com/

TED　Facebook

経営破綻寸前の病院が大感動を売ってみたら大人気になった件について

2023年　2月26日　初版第1刷発行
2023年10月12日　第2刷発行

著者 …………………… 大河内 昌弘（おおこうち内科クリニック）
発行者 ………………… 津嶋 栄
発行 …………………… 株式会社フローラル出版
〒163-0649
東京都新宿区西新宿1-25-1
新宿センタービル49F + OURS内
TEL　03-4546-1633（代表）
TEL　03-6709-8382（代表窓口）
注文用FAX　03-6709-8873
メールアドレス ……… order@floralpublish.com
出版プロデュース …… 株式会社日本経営センター
出版マーケティング … 株式会社BRC
企画プロデュース …… 植田 隼人（BlueBird）
印刷・製本 ………… 株式会社ティーケー出版印刷

ISBN978-4-910017-29-7